원 스텝 포워드

원스텝 포워드
One Step Forward

박정호 지음

홍성사

· · ·

어느 날 천희가 성진에게 찾아왔다. 천희는 기태와 사귀고 있는 찬미를 좋아했다. 천희는 요 몇 년 사이, 기태와 베프가 되었는데, 친구의 여자친구를 사랑하게 된 것이 괴로웠던 모양이다.

"전도사님, 저 나쁜 거죠? 저 어떻게 해야 돼요? 다른 친구들은 결혼한 거 아니니까 한번 고백해 보라며, 선의의 경쟁이라 생각하라는데, 이건 아니잖아요. 걔네들은 사실 믿음이 없거든요. 크리스천은 어떻게 해야 돼죠?"

"음… 니 마음은 어떤데?"

"이건 아니라는 걸 알면서도 자꾸만 찬미가 생각나요. 기태를 보면 마음이 너무 찔려서 같은 자리에 있기도….”

천희는 몹시 괴로워하며 자책하고 있었다.

"전도사님, 그냥 저 보고 미쳤다고 해주세요…. 그만두라고, 잘못된 거라고 속 시원하게 말씀해 주세요. 정신 좀 차리라고….”

천희는 절박했지만, 성진은 그런 천희를 보면서도 마음이 움직여지지 않을 만큼 피곤함이 몰려왔다. 성진은 주중에는 농산물 유통 일을 하고 있었다. 주로 회계 업무를 하지만, 김장철이 되어 시장에 나가 배달 일까지 하게 되어서 육체적으로 힘든 시기였다. 게다가, 성탄절이다 겨울 수련회다 중요한 교회 일정까지 더

해지면서, 여러 가지 신경쓰느라 마음의 여유가 없었다. 그런데, 열심히 잘 지내고 있던 천희가 고민 상담을 해올 줄은 미처 생각지 못했다.

천희는 성격이 강한 아이였다. 표현도 강하고, 생각도 거칠었다. 어릴 적부터 교회에 출석했지만, 제대로 신앙생활을 한 지는 그리 오래되지 않았다. 그의 삶이 거칠었던 만큼, 하나님을 만난 후의 삶은 급격하게 변했다. 끊기 힘들다는 담배와 술도 다 끊고, 과거의 자신을 미워하며 잘못된 습관들을 태워 버리고 바르게 살고자 발버둥쳤다.

성진은 2년 정도의 시간을 천희와 같이하며 그를 지켜봤다. 천희의 부모님은 이혼했고, 천희와 같이 사는 아버지는 자주 술을 마시고 술주정을 부렸다. 그런 환경 속에서 천희의 지난 모습은 당연한 것이었는지도 모른다. 하나님을 만난 후에 마음뿐 아니라 주변 환경도 같이 변한다면 얼마나 좋을까?

천희는 착하게 살려고 애쓸수록 자신을 억누르는 현실을 더욱 직면해야 했다. 그럼에도 자신의 삶을 포기하지 않고 온전히 변하려 한 것은, 그가 이제껏 가져 왔던 깊은 원망과 분노만큼이나, 하나님의 은혜를 알게 된 기쁨과 감사가 컸기 때문이다. 천희는 그 감사가 너무 커서 자신의 그릇된 모습을 깎아 내는 것이 아픈지도 모른 채 열심히 달려왔다. 그 천희가 지금 힘들다고 말하고 있었다.

답은 정해져 있었다. 모두가 알고 있는 그것. 하지만 성진은 말할 수 없었다. 너무 고단하다는 이유로 아무런 마음의 공감도 하지 못한 채 그냥 바른말을 건넬 순 없었다.

"너, 많이 힘들구나? 그런데 오늘은 어떤 답도 줄 수 없겠다. 미안. 며칠 뒤에 다시 만나자. 그때 얘기해 줄게."

천희는 감기는 눈을 억지로 멈춰 세운 듯한 성진의 표정을 보고서 오히려 안쓰러워졌다.

"아니에요. 제가 괜히…."

"잘 찾아왔다. 잘했어. 오늘은 내가 상태가 안 좋아서 그러니까 나중에 다시 말하면 좋겠다. 괜찮지?"

그렇게 천희와 헤어진 후, 성진이 집으로 가는 길에 전화벨이 울렸다.

"여보세요?"

"야, 너 왜 안 와?"

"아, 맞다! 미안, 나 못 갈 거 같다. 너무 피곤해. 일도 있고."

"뭐야, 일부러 너 때문에 잠실에서 모이기로 했는데. 야, 2년 만에 보는 거야. 잠깐이라도 얼굴 비춰."

성진은 오늘 대학교 동창 모임이 있다는 것을 깜빡했다. 성진이 그곳에 도착했을 때 친구들은 저녁 식사를 마친 뒤 카페에 모여 수다를 떨고 있었다. 수십 번은 이야기했을 법한 옛날 일을 또 말하고, 또 웃으면서 들을 수 있는 건, 그 이야기가 새롭기 때문이 아니라 '공감'되기 때문일 것이다.

"얘들아, 미안하다. 내가 좀 늦었지?"

성진은 애써 밝은 표정으로 카페에 들어섰다.

"왜 이렇게 늦었어?"

"그래, 너 무슨 일 있냐?"

"어?"

"얼굴에 쓰여 있어."

친구들은 성진의 웃음 뒤 그늘진 표정을 잡아냈다. 열방신학교 1기생 여섯 명이 모인 자리였다. 그중 교회 사역을 하는 사람은 성진과 재상 둘뿐이고, 나머지는 모두 다른 직업을 가지고 있었다. 지희는 영어 강사가 되었고, 준수는 남자 간호사, 희라는 어린이집 선생님이 되었고, 그리고 아영은 가정주부가 되었다.

성진은 오늘 있었던 일을 친구들에게 털어놓았다.

"거 참 어렵네."

듣고 있던 한 친구가 말했다.

"교회에서 의외로 이성 문제로 일이 커지는 경우가 많지."

"그래서 우리 신학교도 4년 동안 못 사귀게 했잖아."

"그런데 교회에서 안 사귀면, 어디서 사귀냐?"

"야, 못 사귀게 해도 다 만나. 그때도 그랬잖아."

아영이가 지희를 쳐다보며 말했다. 지희는 유일한 캠퍼스 커플이었고, 동기인 도경이랑 결혼했다.

"너희 교회 학생부 열 명 정도밖에 안 된다며? 천희인가 그 친구가 주축이 되는 아이라고 안 했어? 좀 심각해 보이는데… 크리스마스랑 수련회에도 여파가 미칠 수 있지 않겠어?"

재상이가 말했다.

"그래…. 신경써 줘서 고마워."

같이 전도사 사역을 하고 있는 재상이는 교회에서 진행되는 일에 대해 짚어 줬다. 마음 한구석이 불편하게 느껴졌다. 그 와중에도 뭔가 해야 할 일들로 분주해졌기 때문이다.

"그래. 솔직히 이런 일들 교회에 많지. 일단 잘 다독여. 시간이 지나면 괜찮아질 거야. 아이들 대하는 게 쉬운 일이 아냐, 그치?"

옆에 있던 희라가 재상의 말을 거든다.

"응. 그런데… 그럼 언제 한번 자기 자신대로 살아 보게 될까? 이것 저것 다 걱정하면 뭘 할 수 있을까? 한 번이라도 말야…."

"어?"

친구들은 성진의 반문에 당황스러워했다.

"시간 지나면, 그냥 시간만 지나면 정말 괜찮나?"

"너, 왜 그래?"

"미안, 내가 너무 피곤해서 정신이 없어서 그래. 어쨌든 신경 써 줘서 고마워들."

성진은 친구들이 자기 편에서 생각해 주는 것을 알고 있으면서도 내심 반발심이 일었다. 그리고 얼마 되지 않아 자리에서 일어섰다.

"미안, 내가 괜히 분위기만 무겁게 만들었지?"

"아니야. 그래도 얼굴 보니까 좋네. 친구 좋은 게 뭐냐! 꼭 좋을 때만 만나냐. 힘내라."

"고마워. 그렇게 말해 주니까 마음이 조금은 가볍네. 너희들한테까지 미안할 뻔했는데, 하하. 조심히 잘들 들어가."

성진은 멋쩍은 웃음을 지으며 말했다. 밖으로 나오니, 머리가 조금이나마 맑아지는 것 같았다. 지하철을 타고 집으로 가려다, 잠시 걷고 싶은 마음에 발길을 돌렸다. 여전히 북적대는 잠실에서 조명을 받아 더욱 멋지게 보이는 신데렐라 성이 있는 석촌호수 쪽으로 걷기 시작했다.

'그래, 아닌 건 아닌 거지, 뭘 그리 생각해.'

그러다 문득 예전 일이 떠올랐다. 택시를 잡고 집으로 향했다. 집에 도착하자마자, 책장부터 옛날 책들을 넣어둔 박스까지 뒤지기 시작했다. 그리고 마침내 노트 하나를 꺼내 들었다. 노트 표지에는 '해피북'이라고 적혀 있었다. 그것은 성진이 영국에 있을 때 적은 것인데, 롤링페이퍼처럼 새 친구와 만나고 헤어질 때, 짧은 편지를 써달라고 해서 모아 둔 것이었다. 노트 중간부터는 성진의 일기가 써 있었다. 성진은 그 일기를 펼쳤다. 20대 초반의 그 순간들이 되살아나는 듯했다. 성진은 며칠 동안 그 일기장을 토대로 글을 썼다.

얼마 후, 성진은 천희를 만났다.

"자."

갈색 서류봉투을 내밀었다.

"이게 뭐예요?"

"편지."

"편지요?"

천희는 서류봉투를 열어 보지 않았지만, 배가 볼록하게 튀어나온 게 편지라고 하기엔 분량이 너무 많았다. 천희는 봉투를 열어 A4용지 한 묶음을 꺼냈다.

"진짜, 이게 뭐예요?"

"얼마 전 예전에 쓴 일기를 읽었는데, 너한테 도움이 될까 하고 그냥 정리해서 써봤어."

"그냥 정리해서 쓴 것치고는…."

"좀 많지? 그거 쓰느라 혼났다. 요즘 맨날 설교문만 쓰다가 다시 일기 쓰려니까 새롭더라. 뭔가, 좀더 센치해진다고 할까."

성진은 은근한 미소를 지었다.

"진짜, 절 위해 쓰신 거예요?"

"그래. 그냥 일기를 통째로 줄까 하다, 내 글씨를 나도 알아보기가 쉽지 않아서 그건 안 되겠다 싶기도 하고. A4용지로 읽기에 좀 불편하겠지만, 한번 읽어봐. 어쩌면 20대 초반의 내가 지금 너에게 좀더 위로가 될지도 모르겠단 생각이 들더라."

"20대의 전도사님…."

천희는 그 말에, A4용지 뭉치를 바로 펼쳐보고픈 마음이 들었다. 그런 마음을 잠시 누르고 성진과 헤어진 후 곧장 집에 돌아와 그 글을 읽기 시작했다.

2005. 3. 21. 난트위치

　영국의 한 아름다운 시골 마을을 기억한다. 그 이름은 난트위치Nantwich. 지금은 추억의 장소가 되었지만, 낯설고 설레던 그 첫 날을 기억한다. 런던 히드로 공항을 경유해 맨체스터Manchester에 도착했을 때 14시간이 넘는 비행과 기다림에 지쳐 있던 터라 마중 나온 스쿨버스에 겨우 짐과 몸을 싣고 잠이 들어 버렸다. 덕분에 영국의 첫 모습은 버스 창밖으로 펼쳐지는 맨체스터의 야경이 아니라, 선생님이 깨우는 소리에 비몽사몽 짐과 함께 떨궈진 시골의 어둠과 적막한 도로 그리고 풀내음이었다. 마치 시골집에 도착한 느낌.

　나와 친구들은 마중 나온 선생님의 인도를 받아, 도로 옆으로 난 좁다란 길을 따라 걷기 시작했다. 거리는 50미터 정도 되어 보였고, 일림Elim 언어학교 기숙사로 연결되어 있었다. 그 길은 차가 동시에 오갈 수 있을 만큼 폭이 넓었지만, 찻길 옆으로 나 있는 좁은 보행로와 그 보행로를 따라 높이 솟은 미로에서 볼 수 있는 초록 나무벽 때문에 좁게 느껴졌다. 길 끝에 다다랐을 때, 시야에 가려 있던 아름다운 정원이 나타났다. 정원의 첫 느낌은 마치 비밀의 화원 같았다. 좁은 길 끝에 가려져 있기 때문이기도 했지만, 그만큼 아름다워서였다. 정원은 푸른 잔디와 잘 다듬어진 나무, 자갈길과 벤치 등이 정갈하고 예쁘게 꾸며져 있었다.

정원을 가꾸는 사람은 일림 언어학교의 필립 목사님이었다. 그는 60세가 넘었고, 입 주위로 흰 수염이 정원의 수풀만큼이나 깔끔하게 정리되어 있었다. 안경 렌즈 속 처진 눈은 인자하고 온유한 인상을 풍겼다. 매주 화요일이면, 언어학교 학생들을 집으로 초대해 밀크티와 쿠키를 대접했고, 우린 그곳에서 다른 나라 친구들의 신앙 이야기를 듣고 나눌 수 있었다.

나는 그 시간이 좋았다. 그 친구들을 만나 이야기를 듣는 즐거움 때문이기도 했지만, 목사님과 함께 있으면서도 소파와 카펫 어디든 편하게 앉아 이야기를 나누는 격식 없는 분위기가 좋았기 때문이다.

난트위치는 맨체스터로부터 한 시간 정도 거리에 위치한 작은 마을이다. 런던이나 버밍햄과 같은 큰 도시와 달리 그곳에는 동양인이 많지 않았다. 내가 다니는 열방신학교에서 16명가량의 학생과 조교 선생님이 단체로 언어연수 과정을 밟기 위해 그곳을 찾게 되었다. 일림 언어학교는 리젠츠라는 신학대학교에 소속된 학교인데, 리젠츠 신학교 뒤 조그마한 2층 건물이었고 그 건물 뒤에는 운동장 4분의 1만 한 정원이 있었다. 그리고 그 정원을 중심으로 각 기숙사들이 둘러싸고 있었다.

기숙사는 오래된 2층 건물이었다. 움직일 때마다 바닥에서는 삐그덕대는 소리가 들려, 저녁 무렵 물을 뜨러 갈 때면 까치발을 들고 걸어야 했다. 때론 화장실 변기 물이 잘 내려가지 않아 물 내리는 손잡이를 여러 번 반복해 내려야 했다. 가끔 여기가 한국보다 선진국인가 싶기도 했다. 하지만 불편한 것이 전부는 아니었다. 예전의 건물 외형을 최대한 보전하며 보수하는 그들의 성향 덕분에, 고풍스러운 전통 양식이 그대로 전해 내려오고 있으니 말이다. 새로운 핸드폰이 출시되면 기능과 용도에 상관없이 새로움에 집착하는 한국의 소비 성향과 달리, 벽돌 같은 폰을 가지고 다니는 언어학교의 다니엘 선생님을 보면서, 필요에 의해 소비하는 모습이 더 멋져 보이기도 했다.

우리가 사용하는 기숙사는 세 개의 기숙사 중 브래들리Bradley라는 곳이었다. 브래들리는 정원을 두고서 언어학교 건물 맞은편에 있고, 이곳에는 언어연수 과정에 있는 학생들만 기숙한다. 그 오른편에 볼튼Bolton이라는 기숙사에는 리젠츠 신학교에서 공부하는 신학생들이 주로 기숙하고 있다. 특별히 볼튼에 갈 일이 그리 없었지만, 가끔 리젠츠 신학교 친구들 방에 초대되어 놀러가기도 했다.

브래들리에는 16명의 한국 친구들 말고도 일본, 독일, 스위스, 핀란드, 코스타리카 등 여러 국가에서 온 학생들이 함께 있었다.

나와 한국 친구들은 1월 말에 이곳에 왔고, 9월이면 다른 신학대학교로 옮길 예정이었다. 그 대학에 가기 위해서는 토플과 비슷한 아이엘츠IELTS라는 시험을 봐야 했기에, 마냥 즐기면서 영어 공부를 할 수는 있는 처지가 아니었다. 7월 말까지 달성해야 하는 목표가 있기 때문에, 때론 여기가 영국인지 한국인지 분간이 안 될 정도로 책상 앞에서 시간을 보내야 했다.

6.20. 어느 여름날

어느새 6월이 다가왔다. 난트위치의 여름은 화창하고 싱그럽다. 허나 일상은 영어 공부, 예배, 기도의 반복이었고, 그곳에 젊은 청년도 많지 않았기 때문에 시내에 나간다 해도, 서울이나 런던처럼 특별한 일들을 기대할 수도 없었다. 말 그대로 특별한 일 없이 평온하던 그곳에 새로운 친구들이 오게 될 줄은 생각도 못 했다. 여름 휴가철이 되면, 유럽권의 여러 나라에서 영국으로 영어도 배우고 휴가도 즐기러 겸사겸사 찾아온다고 한다. 오늘 진 Jean 교장 선생님이 말씀하셨다.

"다음 주면 새로운 친구들이 이곳에 오게 될 거예요. 잘 지냈으면 좋겠네요. 오래 머물진 않을 거고, 한 달 정도가 될 거예요. 아, 그리고 다음 주에 이탈리아 친구들이 오게 될 텐데… 정말 시끄러워지겠군."

동그란 안경을 쓰고 짧은 금발머리를 한 그녀는 기대 반 걱정 반으로 말했다. 이전엔 선교사로서 짐바브웨에서 선교활동을 했는데, 몇 년 전 영국으로 돌아와 일림 언어학교 교장이 되셨다. 일림은 작은 학교여서 진 선생님은 수업과 대부분의 행정 업무

16

를 병행했다. 그녀는 전형적인 영국인 기질을 지닌 듯했다. 조용한 것을 좋아하고 사려가 깊었다. 적극적으로 나서기보다 묵묵히 도와주며 무뚝뚝한 표현을 썼다.

저녁 5시면 모든 가게 문을 닫는 영국 시골 마을에 처음 오게 되면, 적어도 한국 젊은이들은 그 적막함에 한동안 적응하지 못하고 힘들어할 것이다. 반면, 영국 사람들은 그 적막과 어둠과 여유로움을 즐기는 듯 보였다. 하지만 이탈리아 친구들이 오면 분위기는 180도 달라질 게 분명했다. 진의 얼굴을 보면 그렇다.

물론, 모든 영국 사람이 다 차분하고 이탈리아 사람들이 시끄러운 건 아니지만, 그들을 한 공간에서 보면 어떤 느낌인지 확연히 알 거라고 필립 목사님이 말해 주셨다. 클라우디우, 엠마뉴엘레, 알렉산드리우, 파비우 등 이 친구들은 어릴 적부터 여름마다 이곳에 왔는데, 장난꾸러기들이라고 했다. 필립 목사님이 정성스레 가꾸어 놓은 정원을 망가뜨리기도 하고, 저녁에 떠들며 동네를 누비는 바람에 언어학교에 민원이 들어온 적도 있었다. 하지만 진 선생님도 그들이 오는 것을 염려하고 있는 것만은 아닌 듯했다. 할머니가 손자를 기다리듯, 얼마나 컸을까 하는 기대감도 분명 있는 것 같았다. 나도 반복되는 일상 속에 다른 나라에서 오는 새 친구들을 만날 생각을 하니 기대되었다.

6. 25. 프랑스, 그녀

그렇게 우려하고 또 기대했던 이탈리아 친구보다 먼저 오게 된 프랑스 친구가 있었다. 그녀의 이름은 아만다. 갈색 머리와 갈색 눈인 그녀는 서구적인 외모인데도 왠지 모를 동양적 분위기가 풍기는 프랑스인이었다. 작은 키에 어깨까지 내려오는 갈색 생머리의 여학생이 현관문 옆, 벽에 달린 라디에이터에 기댄 채 서 있었다. 난 1층 현관 옆 브래들리의 거실이자 주방인 커먼룸common room에 앉아 박지성이 활약하는 맨체스터 유나이티드의 경기 하이라이트를 보고 있었다.

재상이가 뛰어들어와 말했다.

"야, 지금 밖에 프랑스 여자애 와 있어. 나가 봐."

"그래? …예뻐? 남자친구는?"

"남자친구는 있대."

"그래?"

사실 그다지 관심 없었지만, 심심하던 차에 관심 있는 척 남자들 사이의 통상적인 이야기를 나눴다. 내가 다니는 열방신학교는 4년 동안 남녀 간의 이성 교제를 통제하고 있었다. 그래서 사귀

디라도 비밀리에 몰래 사귀었다. 남녀에 대한 규제가 꽤나 엄격한 터라, 예배시간에도 남녀가 같은 의자에 앉지 못하고 떨어져 앉아야 했고, 서로의 방에 들어가는 것은 물론 악수 같은 가벼운 스킨십도 허용되지 않았다.

어차피 4년 동안은 여자친구를 사귈 수 없다고 생각하고 있었는데, 그래도 마음이 이상하게 들뜬 건 사실이었다. 커먼룸에서 나가 2층으로 올라가는 계단 옆 현관을 보자 그녀가 서 있었다. 그녀는 진 선생님이 방을 안내해 줄 때까지 기다리고 있었다. 난 영어도 서툴고 숫기도 없어, 다시 커먼룸으로 돌아왔지만, 먼저 말이라도 걸어볼 걸 그랬나 생각했다.

6. 26. 그녀와 말하다

  그녀와 처음 이야기했던 때를 기억한다. 나는 브래들리 앞쪽 정원 벤치에 앉아 기타를 치며 찬양을 부르고 있었다. 그녀는 정원 건너 학교 건물에서 기숙사 쪽으로 걸어오고 있었다. 난 그녀와 말하고 싶었지만, 찬양에 집중한 듯 기타를 치고 있었다. 그런 내게 그녀가 먼저 다가왔고, 나는 그런 그녀에게 인사를 건넸다.

  "하이~"

  "하이."

  "난 이성진이라고 해. 넌?"

  "난 아만다야."

  나는 그녀가 혹시 크리스천인지 물었고, 내가 부르는 찬양을 알고 있는지도 물어보았다. 그녀는 크리스천이었고, 내가 불렀던 〈Shout to the Lord〉라는 찬양도 알고 있었다. 난 당시 좋아하던 찬양인 힐송즈Hillsongs의 〈Still〉을 이어서 불렀다.

  "혹시…."

  "어?"

  "인터넷 사용할 수 있는 곳 있어?"

"어, 언어학교 2층에서 오른쪽으로 꺾어서, 다시 왼쪽편에 보면 조그만한 방이 있는데, 거기가 컴퓨터실이야."

"고마워."

내심 기타를 내려 두고 그녀와 동행하며 세세히 알려 주고 싶었지만, 그러지 못했다. 시간이 얼마 지나지 않아 그녀가 언어학교에서 기숙사 쪽으로 다시 걸어오고 있었다.

"헤이, 아만다, 컴퓨터실 못 찾았어?"

"찾았어. 그런데 아이디랑 비밀번호가 필요하대. 그래서 진 선생님에게 물어보고 나중에 이용하려고."

"내가 아이디를 가지고 있는데, 일단 그걸로 사용해. 진 선생님께는 내일 아이디랑 비밀번호 받으면 되겠다."

나는 얼른 브래들리로 뛰어가 기타를 내려놓고, 그녀와 컴퓨터실로 갔다. 같은 반 친구의 아이디와 비밀번호를 알고 있었기 때문에 두 대의 컴퓨터에 로그인해서 같이 컴퓨터를 했다. 한국 친구들의 근황을 볼 수 있는 싸이월드를 서핑했고, 파도를 타고 들어간 친구들 홈페이지에서는 〈전능하신 나의 주 하나님은〉이라는 찬양이 배경 음악으로 흘러나왔다.

나는 그녀에게 미니홈피에 대해 설명해 주었다. 프랑스에도 다른 종류의 SNS가 있는데, 싸이월드만큼 활성화되지 않은 듯했다. 그녀는 이메일을 확인한 뒤 친구들에게 안부 메시지를 남기고 자리에서 일어섰다. 나도 그녀를 따라 자리를 떠났다.

6.27. 컴퓨터실

그녀를 컴퓨터실에서 다시 만나게 되었다. 그녀는 인터넷에서 제공하는 서비스로 간단한 캐릭터를 그리고 있었다. 사실 그린다기보다는 눈 모양을 선택하고, 머리 스타일, 입, 옷과 몇 가지 악세사리를 선택해 꾸미는 아바타와 같은 거였다. 그녀는 나에게 그 서비스를 제공하는 사이트를 알려 주었고, 그것으로 이것저것 만들면서 재밌는 시간을 보냈다.

좀 유치하긴 했지만 색다른 재미가 있었다. 그녀는 작은 것에도 잘 웃고 즐거워했다. 그 웃음 소리가 옆에 있는 나까지 즐겁게 만들었다. '무엇을 하는가'보단 '누구와 하는가'가 더 중요한 것 같다. 좋은 친구를 만난 듯해 기분이 좋다.

6.30. 가비, 사포

또 새로운 친구들이 왔다. 그중 가비와 사포라고 하는, 스위스에서 온 친구들이 있었다. 그들은 아만다와 나보다도 영어가 서툴렀다. 스위스에서는 네 가지 언어를 사용한다고 했다. 프랑스어, 독일어, 이탈리아어 그리고 스위스 지방어. 그들은 프랑스권에 해당하는 제네바에서 왔다. 그래서 그들보다 영어를 좀더 잘하는 아만다가 그들을 많이 챙겨 줬다. 제네바 하면 신학적으로도 중요한 곳이기 때문에 나 또한 관심이 많이 갔다. 개신교의 창시자라 할 수 있는 칼빈이 있던 곳이기에.

종종 봤던 프랑스 영화 때문이었는지 프랑스 사람은 자유분방하고 개인주의적일 것 같았지만, 내가 본 그녀는 정이 있고, 자상하고, 남을 잘 챙겨 주었다. 그리고 예배드리는 모습은, 뜨거운 신앙을 잃어버린 유럽인이라는 선입견과 다르게 진실하고 경건했다.

어느 순간, 난 그녀의 모습을 눈여겨보며 관찰하고 있었다. 재미있는 사실은, 때론 내가 누군가를 좋아한다는 사실을 나보다 내 주위 사람이 먼저 알아차린다는 것이다.

그날, 커먼룸에서 잉글리쉬 블랙퍼스트 차와 비스킷을 먹으며 축구를 보고 있었다. 그때, 재상이가 다가와 말했다.

"아만다, 어때?"

"뭐가 어때~ 걔 남자친구 있어~"

"남자친구 있으면 어때? 결혼한 사이도 아닌데."

"뭐야, 헛소리하지 마. 내가 제일 싫어하는 말이 '사랑은 움직이는 거야'라는 말이야. 예전에 그 광고 문구 때문에 사랑이 얼마나 쉬운 게 됐냐? 사랑이 쉽게 바뀌면, 그게 사랑이냐?"

"물론 그렇지. 그런데 아직 결혼한 것도 아니고… 그 사람이랑 결혼할 거래?"

"그야 모르지."

"골키퍼 있다고 골 안 들어가냐?"

"너 왜 자꾸 헛소리하냐? 비싼 밥 먹고…."

재상이가 떠난 뒤, 난 내가 그녀에게 마음이 있다는 걸 깨달았다. '골키퍼 있다고 골 안 들어가냐'는 말이 왜 머릿속에 남아 반복 재생되고 있는지… 그 이유는 하나였다. 그렇지만, 그저 어떤 여자를 만나더라도 느낄 수 있는 작은 설렘 혹은 한때의 관심일 거라 생각했다. 어쩌면 남자친구가 있는 그녀에게 관심이 생겼다는 사실을 인정하고 싶지 않아서였을까? 아니다. 그냥 마음이 잠시 이상한 것뿐이다.

7.2. 이탈리아 친구들

드디어 진 선생님이 언급하셨던 이탈리아 친구들이 난트위치에 입성했다. 선생님이 말씀하신 것처럼 요란했다. 그들은 한국나이로 고2, 고3 정도 되고, 나이키 에어맥스와 프라다를 신고, 아르마니 옷을 입고 있었다. 그중 한 명인 알렉산드리우가 나와같은 방을 쓰게 되었다. 그는 캐리어를 열고 2주 동안 지낼 옷들을 정리하기 시작했다. 캐리어에는 D&G 같은 값비싼 옷들이 많았다. 난 그에게 물었다.

"프라다와 아르마니는 한국에서 꽤 비싼데, 이탈리아에선 안비싸?"

"우리나라에서도 비싸."

형편도 안 되면서 돈을 모아 산 것처럼 보이지는 않았다. 그들은 활발하고 말이 많았다. 영국 사람은 미국 사람과 달리 차분하고 외향적이기보단 내향적이었다. 그 점은 이탈리아 친구들이 온후 더 분명하게 느껴졌다. 이탈리아 친구들 외에도, 스위스, 독일, 네덜란드에서 몇 명의 친구들이 왔다. 어느새 브래들리는 사람들로 붐볐다. 사실 그곳에 절반 이상이 한국인이었는데, 이제야 외국 같다는 느낌이 들었다.

우리는 커먼룸에 모여 여러 가지 게임을 했다. '아이 엠 그라운 드'라는 게임을 하고 벌칙으로 냉수를 마시기로 했는데, 냉수도 많이 먹으면 비리게 느껴진다는 것을 그때 뼛속 깊이 느꼈다. 그리고 마지막으로 '마피아 게임'을 했는데, 내가 마지막에 사람들을 설득해서 마피아를 죽이는 바람에 한순간에 명탐정이 되었다. 친구들은 한동안 나를 'detective'라 불렀다. 아만다는 함께 모여 하는 게임을 참 좋아했다. 그래서 그 후로도 '젠가'라든지, '보난 자' 같은 보드게임을 같이 하곤 했다. 사실 나는 게임보다 그녀와 함께 있는 시간이 좋았다. 보드게임은 그녀와 함께할 수 있는 좋은 도구가 되었다.

유럽에서 온 친구들은 대부분 7월 초에 와서 말일에 돌아가는 한 달 계획을 세우고 있었다. 그것은 아만다도 마찬가지였다. 그것이 안타까운 이유는 7월 말에 있는 IELTS 시험 때문이었다. 시험만 아니면 외국 친구들과 더 자유롭게 놀 수 있을 텐데. 하지만 그 점수가 제대로 나오지 못하면, 우리는 대학을 진학하지 못하고 9개월 만에 한국으로 다시 돌아가야 하는 상황이 생길지도 모른다.

사실 처음에는 영국에 오기 싫었다. 더 정확히 말하면, 몸이 좋지 않아 한국에서 좀 쉬면서 몸을 회복한 뒤 유학을 오고 싶었다.

하지만 이 기회가 여러 번 보장되어 있지 않았기에, 몸이 좋지 않은 상태로 유학을 와야 했다. 꿈꾸던 영국에 오긴 했지만, 돌아가고 싶을 때가 한두 번이 아니었다. 이 좋은 기회를, 비싼 비용을 지불하며 얻은 기회를, 골골대며 아쉽게 지나가는 것 같아 아까웠다.

처음부터 음식이 입에 맞지 않아 물갈이를 하고 장에 탈이 나서 영국에서 한의원을 찾아갔다. 침을 맞고 한약을 지어먹기도 했다. 그때 한국의 의료보험이 얼마나 좋은지 새삼 느꼈다. 한국에서 5천 원이면 받는 진료를 7만 원이나 하는 돈을 지불하고 받아야 했다.

영국에 와서 날 가장 힘들게 했던 건 소화불량이 아니었다. 한 시간도 제대로 앉아 있을 수 없는 골반과 허리, 목 통증이었다. 처음에는 허리와 목 디스크라 생각했지만, 나중에 알고 보니 좌골 신경통이었다. 잘못된 자세와 오랜 피로로 근육이 경직된 것이었고, 그곳에 있는 신경 또한 잘못 이완되고 경직되었다. 이것은 스트레칭과 운동으로 교정이 가능했으나, 그때는 제대로 알지 못했다. 늘 고통을 느끼며 공부하거나 예배드려야 했다. 집에서 공부할 때는 침대에 엎드려 겨우 공부하곤 했다.

이렇게 어려운 상황 속에서 뭐 하나, 기대했던 만큼 해내고 있는 게 없던 나에게 외국 친구들과 놀고 싶은 마음은 더욱 나를 힘들게 만들었다.

7. 9. 물놀이

　토요일 아침, 브래들리가 갑자기 시끌벅적했다. 비명소리, 웃음소리, 여기저기 뛰어다니는 소리에 방에서 나가 보니, 물싸움이 일어난 것이었다. 몇 시간밖에 집중 못 하는 체력에 공부나 해야겠다고 생각했다. 다시 방으로 들어가 책을 챙기고 학교를 가려는 순간, 누군가가 나를 향해 물을 뿌리는 것이 아닌가. 물방울은 머리부터 내 온몸을 타고 흘러 바닥에 뚝뚝 떨어졌다. 그 물기가 온몸을 적시는 순간, 숨겨 왔던 나의 장난기가 발동되었다. 난 커먼룸으로 들어가 바가지에 물을 담고 브래들리 밖으로 나가 물을 뿌리기 시작했다.

　그곳엔 아만다도 있었다. 빨간색 긴 치마에 검정색 나시 티를 입은 아만다는 이미 물세례를 받은 듯 온몸이 젖어 있었고, 치마 끝자락에 맺힌 물기를 손으로 짜내고 있었다. 나는 고무줄놀이하는 여자아이들의 고무줄을 끊고 도망가는 유치한 초등학생이라도 된 듯, 물을 짜고 있는 그녀에게 물을 부었다. 그녀는 깜짝 놀라 돌아봤고, 이내 물을 가지고 내게로 달려와 물을 부었다. 나는 도망치는 듯하면서도 멀리 가지 않았다. 그녀의 물세례가 싫지 않았기 때문이다.

이탈리아 친구들은 스위스에서 온 가비와 사포을 잡으러 정원으로 달려갔고, 나도 패트병에 물을 한가득 담고 따라갔다. 나이가 지긋하신 여선생님을 제외한 모든 브래들리 식구들은 물에 젖었고, 물싸움 파티가 되었다. 나는 초등학생마냥 그녀를 물로 괴롭히는 게 즐거웠지만, 그녀에게만 물싸움을 걸 수 없어 다른 친구들에게도 물을 뿌려 댔다.

그런데 이탈리아 애들의 장난이 심해졌다. 그중 유독 파비오가 아만다에게 심한 장난을 쳤다. 그는 친구들을 불러다가 그녀를 들고 아이들이 놀고 있는 작은 간이 스위밍풀에 던졌다. 그녀는 당황했다. 옆에 있던 나는 불쾌했다. 하지만 장난으로 한 것을 진지하게 뭐라고 할 만큼, 난 그녀에게 특별하지 않았다. 그녀는 귀에 물이 들어간 듯 고개를 돌려 콩콩 뛰었고, 난 더 이상 물장난을 치지 못하게 잠시만 쉬다가 하자고 했다. 다행히 다들 어느 정도 동의하는 분위기였고, 잠시 휴식시간을 가졌다. 그녀는 여자 화장실로 들어가 흐트러진 복장과 머리를 다듬었다.

시계를 보니 벌써 오후 2시가 넘어가고 있었다. 물놀이를 더 하고 싶었다. 아직 한창 재밌을 때였고, 그녀의 편이 되어 그녀가 심한 장난을 당하지 않게 보호하고 싶기도 했다. 하지만 공부를 해야 했다. 공부가 시험 전날 벼락치기로 되는 것이라면, 중학교 때처럼 그렇게 했을 것이다. 나는 고등학교 때, 기교와 편법으로 공부한 것은 금세 사라져 버리고 성실과 노력에 의한 것만 진짜 실력으로 남는다는 사실을 알게 되었다. 마음 같아서는 하루 미루고 싶었지만, 나의 저질 체력과 몸 상태를 생각했을 때, 하루를 미룬다는 것은 그냥 하루를 포기하는 것과 같았다. 그래서 새 옷을 갈아입고 학교 2층 컴퓨터실 옆에 있는 리스닝룸으로 향했다.

그곳엔 이미 지희가 있었다. 그녀도 IELTS 시험이 부담으로 다가온 것 같았다. 난 그녀와 짧은 눈인사를 나눈 후 의자에 앉았다. 창밖 너머로 아이들의 웃음소리, 뛰어다니며 내는 유쾌한 비명소리가 들렸다. 아만다의 웃음소리도 들렸다. 그곳에 함께 있고 싶었다.

웬만하면, 젊음의 패기로 놀고, 잠을 덜 자더라도 공부를 더 하겠다고 스스로에게 말하고 싶지만, 연약한 내 몸으로는 패기는 허세이고 사치였다. 해야 할 일을 하기 위해, 하고 싶은 것을 절제한다는 것은 어른스러운 일이다. 하지만 해야 할 일을 하기 위해 철저히 현실적이고 계획적이고 성실하다는 것은, 어느새 하루하루를 겨우 살아내느라 꿈꾸는 일과 패기를 잃어버린 중년 어른이 되는 것 같은 느낌이 들었다. 난 아직 20대 초반인데 말이다.

아만다의 목소리를 따라 내 마음도 그곳에 있었지만, 영어 테이프를 틀고 영어 나레이터 목소리로 귀를 막았다. 헤드폰으로 들려오는 수많은 영어 단어들은 그저 빗물 소리처럼 귓속을 가

듯 메우지만, 머리를 스쳐 지나가고 도리어 적막함만을 만들어 냈다. 헤드폰 사이를 비집고 들어오는 듯한 그녀의 웃음소리에, 난 다시 내가 영국에 온 이유를 되새겼다.

그저 유학생이라는 타이틀? 외국이라는 나라에 대한 동경? 아니다. 처음 유학생활을 제안했던 선교사님의 말마따나 국제적 감각을 지닌 선교 지향적 목회자가 되기 위함이었다. 영어도, 이곳에서 배운 지식도, 언젠간 하나님 나라를 위해 사용될 거라는 믿음이 있었다. 이 모든 경험과 지식이 내가 가르칠 아이들에게 하나님을 알려 주는 도구가 되리라 믿었다.

그녀의 목소리를 지우고, 영어에 귀 기울이는 것…. 이것이 내가 할 수 있는 경건이었다.

7. 12. 꿈 나눔

화요일에 키뜨와 비비안 부부가 한국 친구들과 새로운 유럽 친구들을 자기 집으로 초대했다. 원래 화요일은 필립 목사님 댁에 가서 같이 차도 마시고 기도도 하는 모임이 있는 날이지만, 이날은 특별히 초대받아 키뜨 부부의 집을 방문했다.

대부분의 한국인 친구들은 리젠츠 대학에 있는 교회에서 예배를 드렸지만, 몇몇은 다운타운으로 나가 다른 교회를 찾았다. 그 부부는 희라라는 친구가 다운타운에 있는 감리교를 다니면서 만난 분들인데, 한국인 친구들에게 부모님처럼 잘 대해 주었다. 그들은 처음으로 영국이라는 나라를 피부로 느끼게 해주었다.

어느 나라에 가든 그 나라 문화의 참모습을 경험하려면, 일반 가정집에 가서 식사를 해봐야 한다. 물론 식당에서도 그 나라의 음식을 팔긴 하지만, 한 가정에 가야 식사 예절과 분위기, 식당의 양념 맛이 아닌 그 가정의 손맛을 느낄 수 있기 때문이다. 가끔 책상에만 앉아 있느라 영국 사람과 한마디도 이야기할 기회가 없을 때도 있고, 세계를 점령한 이탈리아 파스타와 카레를 먹을 때면, 한국과 영국이 다를 바 없게 느껴질 때가 있었다. 그저 영국이라는 장소에서 공부하고 음식을 먹는 것뿐이었다. 하지만 이렇게 키뜨 부부에게 초대받아 그들의 삶과 문화를 가까이 할 때면 비로소 내가 영국에 있구나 하는 생각이 들었다.

오늘 키뜨 부부의 집에 가서 저녁을 먹고 그들이 수집하는 전기 기차 모형도 보고, 이런 저런 이야기를 나누었다. 나는 그 와중에도 아만다가 하는 대화에 귀를 기울였다. 하지만 여러 사람이 돌아가면서 얘기하다 보니, 그녀 이야기를 충분히 듣지 못했다. 어쩌면 평소대로 소소하게 충분히 얘기했음에도 내가 만족하지 못했던 것이 더 맞을 것이다.

브래들리로 돌아와서도 그녀와 더 이야기하고 싶었다. 저녁 시간에 사람들은 일상을 마치고 대부분 커먼룸에 모여 TV도 보고, 테이블 축구 게임도 하고, 잡담을 나누고 있었다. 많은 이들이 있는 곳에서 그녀와 자연스럽게 대화를 끌어내기 위해 나는 예전에 간단하게 배운 마술 트릭을 준비했다. 고무줄 두 개로 하는 트릭인데 간단하면서도 신기해서 관심을 끌기에 충분했다. 내가 그 트릭을 보여 주면, 아만다는 궁금해 할 거고, 어떻게 한 거냐며 물어볼 때 튕기면서 다른 이야기를 끌고 간다면 자연스럽게 대화를 이어갈 수 있을 거라 생각했다.

그런데, 방에서 고무줄을 챙겨 커먼룸에 가니, 그곳엔 아만다가 없었다. 그녀를 찾아 이리저리 둘러보았다. 브래들리 현관에 멀지 않은 곳에서 아만다가 서 있는 것이 보였고, 이탈리아 친구들도 있었다. 분위기가 그리 썩 좋아 보이지 않았다. 파비오가 또 그녀를 괴롭히고 있었다. 그는 그녀의 머리띠를 빼앗았고, 그녀는 헝클어진 머리를 붙잡고 정리했다. 그만 장난치라는 듯 머리띠를 달라고 다가가자 파비오가 그녀의 볼에 뽀뽀를 했다. 그녀는 당혹스럽지만 침착하게 그만하라고 했고, 그들은 알았다는 듯 머리띠를 건네주고 브래들리로 들어왔다.

나는 화가 치밀었다. 그녀는 스물세 살이고, 그는 열아홉 살이었다. 외국 문화에 '누나'라는 개념이 있을 리 만무하지만, 어떻게 저렇게 무례할 수 있는지. 난 그의 멱살이라도 잡고 싶었으나 참았다. 그냥 못 본 척. 그녀를 혼자 내버려둬야 하는지, 옆에 있어 줘야 하는지 좀체 판단이 안 섰다. 한참을 지켜보고 있다가 그녀가 나를 발견해, 자연스럽게 그녀에게 다가갔다.

"너, 괜찮아?"

"으…응."

그녀는 괜찮아 보이지 않았다. 나는 혹시나 외국에서는 저 정도의 장난은 괜찮은데 내가 과민반응하는 것일까 봐 망설였지만, 그녀가 안 괜찮은 것을 보니 더 화를 참을 이유가 없었다.

"아만다, 내가 가서 한마디 해줄까? 쟤네, 아무리 어리다고 해도 너무 무례하잖아."

"괜찮아. 괜히 싸우지 마."

"뭐가 괜찮아. 너, 쟤가 과도한 스킨십… 아니, 괴롭히는데도 아무렇지 않아?"

"원래 저런 애들은 어느 곳에나 늘 있어. 이전 학교에서도 그랬어. 그런데 저런 애들 매번 상대하다 보면 힘들어. 때론 무시하는게 나을 때가 있어. 한 번 더 그러면 얘기할게."

분명한 잘못을 보았는데도 뭐라 할 수 없음에 또 화가 났다. 화를 넘어 치욕스럽다는 것이 이런 기분인가 싶었다. 당하고만 있어야 하는 느낌 말이다. 아마 여자들이 성희롱으로 느끼는 수치심이이런 게 아닐까? 어쩌면 성적인 수치심은 창피함보다 저항할 수없는 무력감에서 오는 인격과 자유에 대한 박탈감이 더 많은 부분을 차지하는지도 모르겠다. 하지만 그녀는 내가 행여 일을 그르칠까 봐 도리어 애써 태연하게 말했다. 그런 그녀가 더욱 성숙하고강하게 느껴졌다. 보통 여자 같으면 울었을 텐데 말이다.

그녀와 나는 바람도 쐴 겸 정원을 거닐었다. 브래들리에서 학교 쪽으로 가장자리를 따라 걷다가 왼쪽으로 진 선생님 댁 뒤쪽으로 나 있는 오솔길을 걸었다. 길 끝에는 가로등이 하나 있고,그 가로등을 동그랗게 벤치가 감싸고 있었다. 그 길 중간에 진 선생님 댁이 있다. 근처에 다가서면 센서가 작동하여 자동으로 불이 켜졌다.

불이 켜졌을 때 우리는 얼마나 놀랐는지…. 난 자동 센서가 있어 불이 켜진다는 사실을 이미 알고 있었음에도 내심 화들짝 놀랐다. 아만다와 함께 있고 싶은 마음이 훤히 드러나 보였으면 어쩌나 싶어서였는지 모르겠다. 아무튼 아만다와 나는 얼굴을 마주 보고 강한 조명이 비치지 않는 어둠 속으로 달려갔다. 그러고는 어둠 속 새어나오는 불빛 아래서 서로의 얼굴을 보고 웃었다. 마치 어린 시절, 장난 삼아 남의 집 초인종을 누르고 도망치는 아이가 된 것처럼.

다시 브래들리로 돌아갔을 땐 사람들은 각자 자기 방으로 가 있었다. 못내 헤어지기 아쉬운 마음에 2층으로 올라가는 계단 복도에서 그녀를 붙잡고 이야기를 꺼냈다. 키뜨의 집에서 듣지 못했던 그녀에 대한 이야기를 들을 수 있었다. 그녀는 아시아계 프랑스인이고, 그녀의 할머니가 어려운 환경을 피해 프랑스로 이민을 가셨다. 그녀는 프랑스에서 태어나 자랐기 때문에 아시아 혈통이면서도 서구적인 외모를 지니고 있었다. 부모님은 야채 장사를 하셨고, 그녀는 주말마다 부모님을 도와주곤 했다. 외국인은 나이가 들면 독립적으로 생활을 꾸려 나가 부모님과의 연대가 없을 줄 알았는데, 아시아 문화가 섞여 있어서인지 부모님을 도와준다는 말이 참 인상 깊게 다가왔다.

그녀 이야기를 들으며 나와 비슷함을 느꼈다. 내 부모님도 야채 장사를 하셨기 때문이다. 이민까지는 아니었지만, 무일푼으로 시골에서 서울로 상경하여 많은 고생을 하셨다. 난 주말마다 부모님을 도와드리진 못했지만, 방학 때 일이 바쁘면 줄곧 시장에

나가 물건을 배달했다. 그너기 더 좋았던 건, 그런 이야기를 아무렇지 않게 했기 때문이다.

사실 난 어린 시절에 시장에서 일하는 것을 부끄러워했다. 승용차가 아닌 트럭을 탄다는 것이 창피해서, 같은 방향으로 가더라도 대중교통을 이용한 적이 많았다. 그런 나의 열등감을 고등학생이 되고 대학생이 돼서야 겨우 이겨낼 수 있었다. 그런 나와는 달리, 그녀의 말에는 애초에 부끄러움이란 없는 것 같은 당당함이 있어 보였다.

어느새 난 그녀와 한국의 인사동 길을 걷고 있는 모습을 머릿속에 그리고 있었다. 한국의 전통 문화를 그녀에게 설명해 주고, 같이 즐기고 느끼며 걷는다면 얼마나 좋을까…. 만약 그녀가 한국에 있다면, 한국말을 잘 모르니 나를 많이 의지할 텐데…. 잠시 상상 속에서 빠져나와 아만다에게 물었다.

"너 무슨 공부 했어?"

"산업디자인."

"그럼, 꿈도 그쪽에 있는 거야?"

"응, 일단 그래. 넌?"

"나? 신학생이잖아, 하하. 하나님 일 하는 거지. 말씀도 전하고, 함께 찬양도 하고…."

"그렇구나, 그렇게 되길 내가 기도할게."

"넌 어떻게 되고 싶은데?"

"나야 디자이너가 되고 싶은데, 그쪽도 워낙 다양해서 어떤 디자인을 하고 싶은지 아직 잘 모르겠어."

우리는 서로의 꿈에 대해 이런 저런 이야기를 나누었다. 그녀의 꿈에 대한 이야기를 들으니 해이해졌던 내 삶을 돌아보게 되었다. 비록 지금은 보이지 않지만, 나중에 누군가에게 선한 영향력을 줄 수 있도록 지금 열심히 해야 한다는 사실을 되새겼다.

"너, 나중에 꿈 이뤄서 디자인하게 되면, 첫 번째 디자인 작품, 나 선물해 주면 안 될까?"

그녀는 너무 까마득한 일처럼 느껴져서인지, 아니면 나의 아이 같은 상상력 때문인지 가벼운 미소를 지어 보였다.

"첫 번째 작품? 훗, 그래. 내가 첫 번째로 뭔가를 만들면, 너한테 보내 줄게. 넌 뭐 보내 줄래? 아, 너 작곡하지? 혹시 앨범 나오면 보내줘~"

"앨범? 하하."

나는 겨우 기타 코드를 치며 간단한 찬양을 만들 수 있는 정도였고, 앨범을 만든다는 것은 정말 까마득한 이야기였다. 하지만 그게 뭔들 어떤가, 미래를 약속하는 것뿐인데. 내 약속이야말로 정말 '꿈' 같은 이야기였지만 도리어 그녀의 표정은 진지했다.

"그래~ 만들면 보낼게~"

"서로의 꿈을 위해 기도하자."

좋은 믿음의 친구가 생긴 것 같이 마음이 든든했다. 우린 하나님을 경험했던 중요한 순간에 대해 몇 가지 더 이야기했다. 개인주의적인 색채가 강해서 신앙도 자기 위주로 돌아갈 것 같았던 외국인에 대한 편견이 깨졌다. 하나님에 대한 그녀의 마음과 신념은 진지했다.

"너 원래 이렇게 착하고, 생각이 깊니?"

난 마땅히 돌려 말할 수 있는 영어 표현을 찾지 못해, 직설적으로 그녀에게 표현했다. 아만다는 쑥스럽다는 표정을 짓더니 말을 이었다.

"난 실은 고등학교 때까지는 몹시 내성적이고, 말도 잘 못하고, 자신감도 없고 그랬는데, 고등학교 때 많이 변한 거야. 교회에서 하나님을 만나고 또 지금 남자친구 만나면서 많이 나아졌어. 남자친구는 무척 활발하고 뭐든 잘하는 스타일이어서, 날 많이 이끌어 줬어…."

그때 난 처음으로 그녀의 남자친구에 대한 이야기를 들을 수 있었다. 그는 그녀에게 좋은 영향력을 주는 교회 오빠이고, 이미 3년째 사귀고 있었다. 난 더 이상 묻고 싶지 않았다. 질투였을까? 아니면 현실을 부정하고 싶었던 걸까? 그냥 그렇구나 하며 짧은 대구를 하고 말을 돌렸다. 이런 날 눈치 챈 걸까? 그녀도 그 후로는 더 이상 남자친구 이야기를 하지 않았다.

7. 14.

그날 이후 내 마음은 불편해졌다. 그녀에 대한 마음이 점점 커져 갔고, 숨길 수 없을 만큼 명확하게 드러났기 때문이다. 남자친구가 있는 여자를 좋아하게 됐다는 사실은, 사랑은 쉽게 변하지 않고 그러므로 끝까지 지켜 가야 한다는 나의 이상과 신념에 명백히 상충되었다. 그녀가 남자친구와 사이가 좋지 않아 스스로 헤어지면 모를까, 나로 인해 문제가 생긴다면, 스스로 용납할 수 없는 일이었다. 물론 내가 그녀의 마음을 빼앗을 수 있을지조차 모르는 일이지만, 사랑하고 있는 두 사람 사이를 갈라놓는 놈이 되긴 싫었다.

그런데도 왜 자꾸만 그녀가 좋아지는지, 머리는 아니라고 하면서도 마음속에는 점점 그녀에 대한 생각과 상상으로 가득해져 갔다. 이런 마음 상태는 그렇지 않아도 연약해진 몸과 공부의 압박 속에서 힘들어하는 날 더욱 힘들게 만들었다. 심적으로나 육적으로나 영적으로나 그 어느 부분에서도 하나님과 함께한다는 느낌이 들지 않았다.

시간이 지날수록 그녀에 대한 내 마음은 줄어들 줄 모르고 커져만 갔고, 시험 날짜는 점점 다가오고, 몸 상태 또한 점점 한계에 치닫고 있었다. 무엇보다 날 힘들게 만든 건, 처음 신학교에 입학하고서 드렸던 예배시간에 하나님의 도를 따르겠다고, 죽기까지 그 길을 위해 걸어가겠다고 다짐했던 의지가 송두리째 흔들리는 듯한 무력감이었다.

차라리 몸이라도 좋았다면 열정적으로 공부하고 예배드리고 취미생활도 하면서, 거기서 얻는 성취감으로 모든 외로움과 상실감의 자리를 메워 버렸을 텐데…. 어쩌면 이 무력감은 내 신앙 속에서 하나님의 어떠하심보다 내 열정이 차지하고 있던 자리만큼이나 컸고, 덜 성숙한 이해 속에서 언젠가는 겪어야 했던 것일지도 모르겠다.

그렇게 잠이 들었다가 어깨 뒤로 뭉쳐 오는 근육 통증으로 잠에서 깨어났다. 아직 새벽 5시였다. 곤히 자고 있는 룸메이트를 위해 종종걸음으로 커먼룸에 가서 통증 부위를 스트레칭하고 마사지를 했다. 통증이 가라앉는 듯했다. 고통이 두려웠고, 이 낯선 땅에서 아무런 열매 없이 돌아갈까 봐 두려웠다. 열정이 없어짐으로 미래에 대한 불안감이 생겼고, 이런 내 모습들이 하나님 앞에 떳떳하지 못해 죄송스러웠다. 어떠한 성취감도, 자아 만족도, 위로도 없었다.

난 그저 나약한 인간이었다.

7. 15. 눈 다래끼

내 평생에 눈에 다래끼가 난 적이 한 번도 없었는데, 처음으로 났다. 시험이 다가오고, 나의 경건이 무너지고, 나의 육체가 무너지는 그때. 내 마음에 두지 말아야 할 사람을 마음에 두고, 또 아무것도 할 수 없는 채로 그녀와의 이별이 다가오는 그때…. 내 눈은 통통 부었고, 눈에서 진물이 났다.

생전 처음 있는 일이라 두려웠고, 영국 병원에 가는 것조차 무서웠다. 모든 육체적 고통과 두려움에 당장이라도 한국에 돌아가고 싶었지만, 영국으로 다시 올 수 있는 기회는 더 이상 없었기에, 한국에 계신 부모님을 향해 전화기를 들지 못했다. 이겨 냈다기보다 그저 아무 선택도 하지 못한 채 시간만 흘러가고 있었다. 마음이 곪아서 눈에서 눈물 대신 진물이 나는 것 같았다.

7. 16.

돌아보면, 난 그녀를 멀리해야 한다는 것을 알면서, 도리어 그
녀와 더 많은 시간을 보냈고, 더 많은 시간를 보내기 위해 노력했
다. 영어 문제집 말고 처음으로 사서 읽은 영어 원서가 《목적이
이끄는 삶 The Purpose Driven Life》이었다. 사실 어릴 적부터 난독증 증
세가 있던 나는 책 읽는 것을 어려워했고, 싫어했고, 잘 못했다.
하지만 필요한 공부를 하기 위해 난독증을 조금씩 극복해 나가
는 중이었다. 그런 나로서는 교과서와 필수 도서 외에 다른 책을
사서 읽는다는 것이 정말 드문 일이었다. 처음으로 원문으로 된
책을 샀다는 것만으로도 가슴 설레고 흥분됐다. 한국 책과 달리
영국 책은 누런 색의 재생종이를 쓴다. 무척 가벼운 그 느낌이 좋
았다.
《목적이 이끄는 삶》은 그동안 제대로 정리하지 못한 부분을 잘
정리해 주고, 놓치거나 알지 못했던 하나님의 모습을 새롭게 깨
닫게 해주었다. 그 책을 끝까지 읽을 수 있었던 것은 영어 서적을
샀다는 흥분과 그 책 자체의 탁월한 내용도 이유였지만, 아만다
도 한몫을 했다.

난 그녀가 부담스러워할까 봐, 매번 그녀에게 먼저 다가가기가 어려웠다. 그래서 처음 그녀가 내가 다가왔듯 내게로 다가와 주길 기다리고 있었다. 난 그녀가 자주 지나다니는 언어학교와 브래들리의 길 옆 잔디밭에서 이 책을 자주 읽었다. 마치 좋은 신앙 서적을 읽고 묵상하는 품격 있는 신학생인 척했지만, 실은 그녀가 내게 말을 걸어 주기를 애타게 기다리고 있었다. 나중에 생각한 것이지만, 독서보단 기타를 치는 것이 어쩌면 더 나은 선택이었는지도 모르겠다. 기타 소리를 듣고 쉽게 찾아올 수 있도록 말이다. 생각해 보면, 누군가 책을 읽고 있는데 그런 그에게 말을 거는 것이 쉬운 일은 아니다. 어째든 난 그로 말미암아 영적인 양식을 먹게 되었고, 감사하게도 나의 영어 실력에도 도움이 되었다.

소극적인 듯하나, 그녀와 할 수 있는 모든 것을 이용해 최대한 그녀와 함께 있으려 했다. 때로는 그것이 보드게임이었고, 기타 치며 찬양하는 것이기도 했고, 노트북으로 영화를 보는 것이기도 했다. 강민이라는, 프랑스에서 온 한인이 브래들리에 있었는데, 그 친구가 노트북에 〈내 머리 속의 지우개〉라는 영화를 저장해 놓고 있었다. 나는 아만다를 불러 그 영화를 영어 자막도 없이, 되지도 않는 영어로 통역하며 끝까지 보았다. 결과가 그리 좋지는 않았다. 감동적인 로맨스를 나의 서툰 영어로 다 망쳤기 때문이다. 차라리 영어권 영화를 보는 것이 나았을 거라고 생각했다.

또 하루는 어니서인시 폭죽을 구한 적이 있다. 분수 폭죽과 하늘로 일곱 발 여러 색의 화약을 쏘아 올리는 폭죽이었다. 사실 폭죽보다도, 담배를 피우지 않는 신학교에서 라이터를 찾는 일이 더 힘들었지만, 결국엔 식당에서 일하는 아르바이트생에게서 라이터를 구할 수 있었다. 난 그녀에게 평소와 같이 산책하자며 불러냈고, 정원 한가운데서 오직 그녀만을 위한 불꽃 쇼를 만들어 주었다. 사실 불꽃 쇼라 하기엔 초라했지만. 난 그렇게 그녀와 거리를 두어야 한다는 생각을 뒤로한 채, 오히려 그녀와 함께하는 시간을 만들며 친해져 갔다.

7. 17.

　7월 셋째 주가 되었다. 이번 주말이면 유럽 친구들 중 절반은 제 나라로 돌아갈 예정이다. 그래서 이주 화요일, 필립 목사님은 작은 문학회를 열기로 했다. 각자 자기 나라 것과 자신이 가지고 있는 특기 한 가지씩을 가지고 와서 나누기로 했다. 이탈리아 친구들은 애국가와 몇 가지 노래를 준비했다. 한국 친구들도 몇 명 참여했다. 그중 한 명은 색소폰 연주를 준비했다. 일본 친구는 자신이 하나님을 믿게 된 이야기를 준비했다. 모두 자신의 경험이 특별하겠지만, 일본은 한국과 달리 다신을 섬기는 문화에 기독교인이 전체 인구의 1퍼센트인 점을 감안하면, 그의 경험이 얼마나 특별한 것인지 이해되었다. 네덜란드에서 온 바우트와 프랑스에서 온 아만다는 클래식 피아노 연주를 준비했다. 바우트는 의사 시험을 준비하는 똑똑한 19세 친구였다. 두뇌만큼이나 피아노 실력이 예사롭지 않았다. 더 놀랄 만한 것은 그가 따로 피아노를 배우지 않았다는 점이었다. 반면 아만다는 어릴 적에 클래식 피아노를 배운 적이 있었다. 오래전에 그만두었지만 다시 악보를 구하고 기억을 살려 연습했다.

시험 준비 혹은 문학회 준비로 모두들 바빴고, 그래서 아만다를 볼 수 있는 시간이 줄었다. 피아노가 학교 건물에 하나, 식당 2층 소강의실에 하나, 교회 예배당에 하나, 이렇게 세 대밖에 없었기 때문에, 난 그곳들을 지나갈 때마다 아만다가 준비하는 연주곡이 들리는지 귀 기울였다. 그리고 그녀가 연주하는 곡이 나오면, 우연히 온 것처럼 그곳에 들어가 피아노 치는 그녀 모습을 감상했다. 작은 손가락이 빠르고 경쾌하게 움직였고, 손가락 춤에 맞춰 아름다운 선율 또한 춤을 췄다. 어느새 나는 그 선율을 따라 그녀와 함께 유럽 곳곳을 여행했다. 한 번도 가보지 못했지만 영화에서 본 멋진 레스토랑에서 맛있는 스테이크를 먹으며 여유롭게 대화를 나누었다.

피아노 연주가 끝나자 나의 환상 여행도 사라졌다.

"오랜만에 쳐서 그런지 잘 안 되네."

중간에 틀리고 멈추고 했던 부분이 있지만, 피아노를 치지 못하는 나에겐 대단해 보였다.

"무슨 소리야? 잘 쳤는데!"

"아니야, 중간에 많이 틀렸어."

"그래? 몰라, 난 그냥 좋던데."

"미안한데, 더 연습하고 나중에 들려줄게."

그녀는 실수하는 모습이 부끄러운지 혼자의 공간을 원했고, 난 아쉬웠지만 자리를 비켜 줄 수밖에 없었다. 사실 내겐 그 피아노 연주가 아무런 상관이 없었다. 그녀와 함께 있는 그 공간과 시간이 좋을 뿐이었다. 하지만 그녀는 피아노 연주가 더 신경 쓰이는 듯했다.

유럽 친구들은 난트위치에서의 생활을 마치고 돌아가게 되어 아쉬움에 잠겨 있었다. 그들과 아쉬운 마음을 나누며 더 시간을 보내고 싶었지만, 운명의 장난인지 주말에 IELTS 시험이 예정되어 있었다. 마음 한편에 있는 시험에 대한 부담감이 더 크게 느껴졌다. 그 무게로 인해 청춘의 시간을 패기롭게 즐기지 못하는 나를 향해 비겁하단 생각이 들었다. 허나, 현실의 무게를 감당하는 것이 더 나은 '나'로 성장하는 것이라 위로했다.

7. 19.

　마지막으로 필립 목사님 댁에서 열리는 문학회에 한국 학생은 두 명 외에 대부분 참여하지 않았다. 다른 나라 친구들에 비해 시험을 치러야 하는 부담감이 컸기 때문이었다. 문학의 밤이 열리는 오늘까지도 난 공부와 문학회 사이에서 명확히 결정 내리지 못하고 있었다.

　재상이가 말을 걸었다.

　"성진아, 너 문학회 갈 거야?"

　"글쎄, 넌?"

　"공부해야지. 시험이 4일밖에 안 남았는데. 영국까지 와서 대학도 못 가보고 한국 돌아가면 되겠나?"

　"그래…."

　그 말이 맞았다. 지금은 공부해야 할 시기였다.

　"넌 어떻게 할 건데? 망설여지냐? 마음은 이미 거기 가 있지?"

　"응?"

　"야, 그럴 바엔 그냥 쿨하게 문학회 참석하고 와서 공부해. 2시간 추억에 쓴다고 생각하면 되지."

"내 실력에 그럴 처지냐? 너야 말로 가라. 넌 더 이상 공부 안 해도 필요한 점수는 딸 것 같은데."

현재를 추억에 투자하는 건 내겐 사치였다. 미래를 위해 노력해야 할 때였다. 하지만 나중에 후회하게 될까? 난 그의 말로 더 흔들렸다. 예전 같으면 문학회에 참석한 뒤 밤을 새서 공부했을 텐데, 내 몸이 둘 중 하나를 선택하라고 집요하게 다그치고 있었다. 따스한 차와 함께 그녀의 연주를 들으며 지난 4주간의 추억을 아름답게 장식할 문학회에 갈 것인가? 나의 미래가 달려 있는 시험공부를 할 것인가? 하필 시험과, 유럽 친구들과의 마지막 작별 시간이 겹치다니… 한탄스러웠다.

그런데 어쩌면, 이것은 하나님께서 내게 아만다를 잊어버리라 하시는 표시일지도 모른단 생각이 문득 스쳤다. 그냥 시험을 치르느라 정신없이 1주를 보내면 애초에 없었던 일처럼 아만다는 내 눈앞에서 사라질 거라고, 이제는 정신 차리고 마음을 정리하라고, 처음의 사명감을 다시 찾고 미래를 위해 공부와 훈련만 하라고, 내게 단호하게 말씀하시는 듯했다. 내 마음은 그것을 부정하고 있었지만, 내 머리는 그것을 이해하고 인정했다.

결국 난 문학회에 가지 않기로 마음먹었다. 책상 앞에 앉아 공부를 시작했다. 허리가 아프면 다시 침대에 누워 공부했다. 한참 공부한 것 같아 시계를 봤는데, 아직 저녁 8시밖에 되지 않았다.

한참 문학회를 하고 있을 시간이었다. 더 이상 문학회도, 아만다도 나와는 상관없다고 생각하기로 했다.

나는 몸이 약해져 있었고, 예배와 기도에 집중하지 못하게 되면서 외로움을 느꼈고, 그래서 누군가를 의지하고 싶었던 차에 그녀가 나타났고, 그녀와 대화하다 보니 통하는 것이 있었고, 나는 그것을 확대 해석해서 그녀를 좋아하게 된 것뿐이다. 그녀가 아닌 누구라도 그때 그 자리에 있었으면 좋아하게 됐을 거라고, 그녀여서가 아니라 그냥 내가 약해서 그런 거라고 마음을 정리했다.

그렇게 30분이 지났을 때, 내 볼펜이 아직도 한 문제에서 멈춰 있다는 사실을 알았다. 어차피 이것저것 생각하느라 공부에 집중 못 할 바엔 차라리 참석하고 진짜 밤이라도 샐까 하는 마음이 들었다. 그리고 어느새… 난 필립 목사님 집 앞에 서 있었다. 노란 백열등의 은은한 빛이 창밖으로 새어 나오고, 집 안에는 음악 소리, 사람들의 웃음소리로 가득했다. 그곳에서 한참을 망설였다. 초인종을 누를까 하다가 다시 뒤돌아서고, 뒤돌아섰다가 다시 초인종을 누를까 했다. 내 안에서 누군가 말하는 듯했다.

'텔레비전을 한 시간을 보면, 정말 한 시간만 사용한 걸까? 텔레비전에서 봤던 잔상을 지우고 집중하는 데만도 한 시간이 걸린다는 것, 그리고 눈의 피로도 쌓이는 것을 생각해 보면, 텔레비전 한 시간 보는 것이 실은 세 시간을 사용하는 것일 수 있다는 거, 너도 잘 알잖아. 너가 지금 아만다를 한 번 보는 건 결코 한 번이 아닌 거야. 마음이 점점 부풀어 올라서 내일은 더 생각날 거고, 그다음 날은 더 생각날 거고, 결국 시험을 망치고 아만다도 떠나고, 넌 무엇 하나 잡지 못한 바보가 될 거야.'

'알아, 나도 안다고. 넌 어쩌면 그렇게 냉정하니? 때론 그냥 마음 가는 대로 살아도 되는 거야. 왜 한 순간도 마음을 놔주질 않아? 누가 옳고 그른 거 모른데? 넌 로보트야? 그렇게 평생 살아봐라. 행복이 뭔지나 알겠냐?'

내 안에서 머리와 마음이 싸웠다. 결국 난 필립 목사님 댁에 들어가지도 못하고, 그렇다고 공부를 하지도 못했다. 난트위치 마을 길을 내달리기 시작했다. 처음 가는 길이었다. 음식과 필요한 것들이 있으면 항상 시내 쪽으로 갔지, 그 반대 방향으로는 6개월 동안 한 번도 가본 적이 없었다.

빨리 달리다 보니 앞에 있는 것들이 내 옆을 획 하니 지나갔다. 내 앞에 있는 것들을 보고 있느라 다른 무엇을 신경 쓸 틈이 없었다. 차라리 그녀가 이렇게 지나갔으면…. 더 박차고 달리니 이내 숨이 차오르고 심장이 터질 것 같았다. 그렇게 마음이 아픈지 심장이 아픈지 모르고 달리다가도, 살겠다고 멈춰 서서 숨을 고르고 있노라면, 그녀에 대한 마음도 살겠다고 스멀스멀 되살아나기 시작했다. 왜 난 외딴 곳에서 혼자 이러고 있는지…. 생각해 보면 비참하고 한심스러웠다.

그렇게 뛰다 걷다를 반복하니 어느새 기찻길이 눈앞에 펼쳐졌다. 이곳에 기차가 지나다닌다는 것은 알고 있었지만, 실제로는 처음 봤다. 학교 정원에 있으면 가끔씩 코끼리가 포효하는 듯한 소리가 들리는데, 그게 기차 소리라고 선생님들이 알려 줬었다. 기차가 다가옴을 알리는 종소리가 땡땡땡 시끄럽게 울렸다. 곧 기차는 코끼리 소리를 내며 내 앞을 지나갔다. 철로를 따라 내 시야에서 멀리 멀리 사라져 갔다. 그 순간, 마음을 정리했다.

'하나님 뜻을 따르기 위해 세상의 성공도, 부요함도, 명예도 바라지 않겠다고 다짐했던 내가 이 작은 일에 흔들리다니. 이제 다시 정신 차리자. 만약 내 짝이라면 하나님께서 적당한 때에 주시겠지. 그리고 이루어지겠지. 이만큼 하면 됐어. 그녀는 저 기차처럼 멀리 사라질 거야. 난 오늘 그녀를 보낸 거야.'

난 브래들리에 돌아와 공부를 하지 못하고 그냥 뻗어 버렸다. 그렇지만 더 이상 마음의 잔상이라든지 흔들림은 없었다.

'그래, 난 믿음이 부족했던 거야.'

이렇게 나의 결핍을 찾아 채우고, 평안함 속에서 시험을 준비했다. 때로는 우리가 생각하는 문제가 진짜 문제가 아닐 수도 있음을 기억하며.

금요일 저녁, 잠시 시간을 내어 송별회를 했다. 커먼룸에 모여 조촐한 다과 시간을 가졌다. 희라가 '해피북'이라고 쓴 자기 노트를 가져와 롤링페이퍼처럼 친구들에게 한마디씩 써달라고 부탁했는데, 그것이 유행이 되어 너도 나도 노트를 가져와 친구들에게 써달라고 부탁했다. 써야 할 분량이 너무 많아서, 유럽 친구들은 떠나기 전에 날을 새야겠다며 푸념 섞인 농담을 늘어놓았다. 나도 해피북을 준비해서 친구들에게 부탁했다.

다음 날 아침, 브래들리는 꽤 분주했다. 유럽 친구들은 캐리어를 챙기고, 한국 친구들은 시험을 보러 가기 위해 가방을 챙겼다. 그렇게 다 챙겨서 브래들리 현관으로 나오니 게시판에 전지만한 크기로 주황색 게시물이 하나 붙어 있었다. 집으로 돌아가기 위해 짐을 챙기기에도 바빴을 유럽 친구들이 밤늦게까지, 우리의 시험을 기도하며 응원의 메시지를 써놓은 것이었다. 유럽 친구들의 마음이 담긴 그 글은 참으로 감동이었다. 한자로 '必勝'(필승)이라 쓰고, 한글로 '필쏭'이라 적어 놓았다. 오자가 더 정감 있게 느껴졌다.

"아만다, 고마워. 넌 정말 좋은 친구야. 프랑스 가서도 신앙생활 잘하길 바래."

"응, 우리 이메일로 연락하자. 다른 생각 하지 말고, 오늘 시험 집중해서 잘 봐."

뭔가 조금 더 말하고 싶었지만 마음속의 어떤 작은 말이라도 꺼낸다면, 그동안의 모든 감정이 다시금 치렁치렁 끝없이 엮어져 올라올 것 같았다. 그래서 짧고 쿨하게 그녀와 마지막 작별 인사를 했다. 그러고는 정말 괜찮아졌다. 나와 한국인 친구들은 리버풀로 가기 위해 버스에 올라탔다.

버스는 지체 없이 리버풀로 향했다. 버스 안, 창문에 비친 내 모습이 눈에 들어왔다. 목적지를 향해 바쁘게 내달리는 버스는 내가 달려가야 할 길을 나 대신 달리고 있었고, 난 그 안에서 여유롭게 창밖을 보거나 창에 비친 내 모습을 바라보았다. 내 이성은 내가 어디로 가야 할지 찾고 그곳을 향해 숨가쁘게 달리고 있는 듯했지만, 내 감성은 그 긴박함과 무관하게 그저 여유롭게 구경을 즐기는 듯했다.

'그녀는 지나가는 풍경처럼 내 생각과 바람과는 상관없이 뒤로, 시야 밖으로 사라지겠지.'

마음속에서도 그녀가 자연스레 사라져 가는 것 같았다. 감성에 젖어 시간 가는 줄 모르다가 정신을 차리고 보니 이미 리버풀에

와 있었다. 날씨가 맑았다. 한국의 가을 하늘만큼이나 높고 깨끗했다. 리버풀 대학에서 시험을 봤다. 문제들이 어려웠지만, 끝까지 최선을 다했다. 듣기평가를 시작할 때 바다 갈매기들이 "까~악, 까~악" 우는 바람에 한 문제를 놓쳤다. 당황했지만 나머지는 연습한 대로 무리 없이 흘러갔다. 오후 4시쯤 돼서야 모든 시험이 끝났다. 5시에 난트위치로 돌아가기까지 한 시간의 자유시간이 생겼다.

시험이 끝나 홀가분했지만, 약 6개월 동안의 노력이 이 한 차례의 시험을 통해 평가된다고 생각하니 허탈감도 느껴졌다. 결과가 궁금하고 두려웠다. 많은 생각으로 머리와 마음이 복잡해졌다. 시험이 끝난 지금은 결과가 나오기 전까지 아무 생각 없이 쉬는 것이 가장 현명한 선택인 것 같았다. 몸도 마음도 쉼이 필요했다.

친구들은 삼삼오오 모여 리버풀의 이곳 저곳을 방문해 맛있는 음식도 사먹고 차이니즈 슈퍼마켓을 들러 한국 라면도 구입했지만, 난 혼자 길을 걸었다. 한국과 다르게 넓은 보도와 너무도 멋지게 지어진 클래식한 건물들, 높고 맑은 하늘… 모든 것이 흠 없이 아름다웠다. 너무나 완벽했다. 그래서인지 나와는 동떨어진 느낌이 들었다.

한참을 걷다가 길바닥에 떨어져 있는 갈매기 깃털을 하나 발견했다. 뿌리는 흰색인데 끝으로 갈수록 검은색이었다. 이전에 정원에서 아만다가 깃털을 발견하고서 만년필처럼 잉크를 찍어 쓰면 좋겠다며, 장난 반 호기심 반으로 가지고 갔던 것이 문득 떠올랐다. 그때는 그 깃털이 어떤 새의 것인지 몰랐는데, 갈매기였다. 육지에 갈매기가 있을 리 만무했지만, 알고 보니 근처 호수에서 갈매기가 가끔 날아온다고 했다. 진짜 잉크에 찍어 써보려 했는지 나도 몰래 그 깃털을 가방 속에 집어넣었다.

모두 모이기로 한 리버풀 성당 앞에 내가 제일 먼저 도착해 있었다. 그 성당은 오래됐지만 주변 건물들과는 다르게 높이 솟아 있었고, 하나님을 찬양했던 영국 선조들의 마음과 기독교의 위엄이 고스란히 느껴졌다. 웅장하고 오래된 성당 건물을 보면 늘 느끼는 거지만, 당시 사람들이 하나님을 향한 마음을 건물의 아름다움으로 표현한 듯했다. 누군가는 본질이 아닌 곳에 힘을 썼다고 비판할지 모르지만, 예술 혼을 불태우고 땀흘려 가며 만든 예술가와 노동자들의 마음을 하나님께서 모르실 리 없을 것 같았다. 누군가가 일생을 바쳐 만든 이 성당이 예배 장소가 아닌 관광 명소가 되어 버린 지금, 성당을 만든 이들이 이 모습을 본다면 얼마나 안타까워할까?

문득 시가 쓰고 싶어졌다. 고등학교 때는 시를 참 많이 썼다. 감성을 표현하는 것이 좋았다. 하지만 대학에 진학한 후 지식을 탐구하고 정리하기 위한 에세이 같은 글 외에는 딱히 쓸 시간이 없었고, 이런저런 감성을 느낄 마음의 여유도 없었다. 어느새 난 이곳에서 다시 마음이 촉촉해져, 뭐라도 글로 담고 싶었다. 공책 한 장을 찢고는 펜을 들었다. 날씨도 좋고 하늘도 맑은데 이상하게 계속 마음 한구석에 느껴지는 이 쓸쓸함은 뭔지…. 이 마음에 대해 적을까 하다, 잠시 기도했다.

'하나님 뜻대로 거침없이 가고 싶지만, 솔직히 전 너무 나약하네요. 하나님, 제가 외롭지 않도록 좋은 짝을 주실 거라면, 일찍 주시는 게 좋지 않을까요? 어차피 제가 가톨릭 신부가 될 것도 아니고, 결혼할 거라면 얼른 좋은 사람 만나게 해주세요.'

외로운 마음을 글로 적을까 아니면 이 기도를 글로 적을까 고민하다 아무것도 적지 않고 아래쪽에 '23rd, July, 05 in Liverpool'이라고만 적었다. 나의 외로움과는 상관없이 무심할 정도로 맑은 하늘과 눈부시게 빛을 반사하는 새하얀 종이가 잘 어울려, 뭔가를 굳이 쓰지 않아도 될 것 같았다.

다시 버스를 타고 브래들리로 돌아오는 길, 시험의 무게도, 아만다에 대한 마음도 다 사라진 듯했다. 그런데 홀가분하다기보다 허전한 느낌이 들었다. 그렇다고 '그 복잡했던 마음이 더 좋은가'라고 물어보면, '아니'라고 답할 것 같다. 이 허전함을 무거운 일이나 안타까운 사랑이 아닌, 정말 흥미롭고 좋은 것들로 채워야겠다는 생각이 들었다.

그동안 공부하느라 못 가봤던 맨체스터라든지 체스터, 더 가

깝게는 크류Crew 등 주변 지역들을 가보고 싶었다. 영국에는 일반 가게와 더불어 채리티 샵Charity shop이 있는데, 그곳은 사람들이 기증한 물건을 새 것처럼 만들어 다시 판매하고 그 수익을 심장병 환자나 노인 등 도움이 필요한 이들을 위해 사용하는 곳이다. 채리티 샵은 누군가를 도와준다는 좋은 의미도 있지만, 일반 가게들에서 찾기 힘든 새로운 물품을 매주 볼 수 있다는 것이 큰 매력이다. 어떤 때는 버버리 같은 고급 브랜드 옷을 헐값에 살 수도 있고, 정말 오래되어 보이는 빈티지 옷이나 골동품 같은 물건도 만날 수 있다. 난트위치의 채리티 샵은 이미 자주 가봐서 물건들이 식상했지만, 크류만 나가도 더 많은 가게와 물건들이 있다고 들어서 기대되었다.

그렇게 모두들 무사히 시험을 마치고 학교로 돌아왔다. 모두 브래들리로 들어가는데 난 왠지 가고 싶지 않았다. 마치 추석에 반가웠던 친척들이 다 가고 텅 빈 집에 홀로 들어서는 것처럼, 애써 눌렀던 외로움이 다시 찾아올 것만 같았다. 시험도 끝났겠다, 가벼운 마음으로 여유롭게 정원을 한 바퀴 돌아볼 생각에 발길을 오른쪽으로 돌려 정원을 향했다. 친구들이 브래들리의 현관문을 열 때 나는 문 이음새 소리와 기다리고 있던 친구들의 반기는 소리가 등 뒤로 들렸다. 잘했다는 격려와 환호, 웃음소리가 브래들리에 가득찼다. 그렇게 시끌벅적한 소리 속에서도 작지만 명확히 귀에 들리는 소리가 있었다.

"아만다!"

아만다?! 아만다?? 아만다는 지금쯤 유로스타를 타고 프랑스에 도착했을 텐데… 아만다가 있다는 건가? 나는 재빨리 몸을 돌려 브래들리로 뛰어 들어갔다. 현관부터 커먼룸 사이에 가득한 친구들 사이로 비집고 들어가자 눈앞에 그녀가 서 있었다. 지금쯤 프랑스에 있어야 할 그녀가 내 눈앞에 있다니.

"아만다!"

"하이, 성진~"

그녀는 해맑은 미소로 나를 반갑게 맞아주었다.

"깜짝 놀랐지?"

"어떻게 된 거야?"

"실은 이곳이 너무 좋아서, 부모님께 3주만 더 있다 가면 안 되겠냐고 부탁했어. 다행히 부모님도 그렇게 하라고 흔쾌히 허락하셨고. 짠~"

해맑은 그녀를 보며, 놀랍고 반가우면서도 이게 진짜 좋은 건가… 마음이 복잡해졌다. 웃고 있는 그녀의 얼굴을 보며, 함께 환하게 웃을 수 없는 건, 벌써부터 마음이 싱숭생숭해지기 시작했기 때문이다. 그런 내 마음을 아는지 모르는지 그저 해맑게 웃고 있는 그녀는 리버풀의 푸른 하늘 같았다.

겨우 마음을 정리했는데 그녀가 눈앞에 나타나다니, 어떻게 받아들여야 할지 몰랐다. 분명 그녀를 떠나보내는 것이 하나님 뜻이라고 생각했는데, 그녀가 내 앞에 있다는 것은 하나님이 나에게 기회를 주셨다는 뜻인가? 아니면 하나님은 그냥 지켜보고 계신데 내가 너무 확대 해석하면서 하나님 뜻을 거론하는 것인가? 다시 마음 한 구석에 그녀를 향한 마음이 살아나기 시작하는 것이 느껴졌다. 꼭 이런 마음은 잡초같이 끈질긴 생명력이 있다. 안 돼!

"성진아, 나 내일 일찍 런던에 갈 거야. 거기서 자고 월요일에 나 올 것 같아."

"런던에? 런던은 왜?"

"런던에서 남자친구 보기로 했거든. 친언니랑, 언니 남자친구랑, 내 남자친구랑 같이."

나중에 안 사실이지만, 그녀는 프랑스로 돌아가는 날 런던에서 그들을 만나 1박 2일 여행을 하고 같이 프랑스로 돌아갈 계획을 세웠었다. 그런데 마음이 바뀌어 3주 동안 난트위치에 더 있게 되었는데 런던 방문 계획은 바꾸지 않은 것이었다.

"오랜만에 언니 보겠네."

"응."

"잘 갔다 와."

"고마워."

그녀는 분명 내게 남자친구와 언니네 커플을 만난다고 했지만, 난 그냥 '언니'라고만 했다. 그냥 그렇게만 말하고 싶었다.

7. 24.

　다음 날 아침 그녀는 일찍 일어나 짐을 챙겨 런던으로 떠났다. 난 일부러 늦잠을 잤다. 아니, 잠에서 깼지만 침대에 누워 있었다. 그녀의 웃는 얼굴을 보기 싫었다. 주말 동안 난 그녀가 런던에서 무얼 할까 생각했다. 아무래도 많이 개방된 나라다 보니, 손을 잡고 입을 맞추고… 에이, 그래도 독실한 크리스천인데… 그래도 할 건 다 하겠지. 아, 내가 지금 무슨 생각 하는 거지? 뭘 하든 말든 내가 무슨 상관이라고…. 그녀를 생각할수록 마음이 불쾌했다. 질투일까? 아무것도 아닌 주제에 질투를…. 난 아무것도 생각하지 않고 그냥 멍하니 있으려 노력했다. 차라리 시험이 월요일에 있으면 좋겠다는, 말도 안 되는 생각도 들었다. 그냥 프랑스로 가지 왜 3주는 더 있어가지고 이렇게 힘들게 하는지….

7. 25.

월요일 저녁, 커먼룸에 여러 사람이 모여 있었다. 아만다는 늦게야 브래들리에 도착했다. 난 하루 종일 그녀가 왜 이렇게 늦게 오는지, 혹시 무슨 일이 있는 건 아닌지 걱정했다. 그녀가 온 줄 알면서도, 조금 늦게 커먼룸에 들어가 물을 마시러 온 양 무심하게 냉수를 따라 마셨다. 그러고는 모여 있는 친구들 무리에 자연스레 합류했다. 아만다는 런던이 어땠는지 우리에게 이야기해 주었다. 그녀는 타워 브리지Tower Bridge와 런던 아이London Eye 등 여러 명소들을 이야기했지만 내 귀엔 별로 들어오지 않았다.

"헤이, 성진."

"헤이. 기념품 안 사왔어?"

난 아무렇지도 않은 척 그녀에게 농담 삼아 말을 던졌다.

"음… 자~"

그녀는 자신이 탔던 지하철 티켓을 내게 주었다. 과거 우리나라 지하철에서 볼 수 있었던 지하철 티켓처럼 생긴, 직사각형 모양 가운데 마그네틱 선이 있는 작은 종이였다.

"이거, 너무 고마운데? 다른 건 없어?"

"없어. 그것도 너한테만 주는 거야."

그녀는 장난 섞인 미소를 지으며 짐을 풀기 위해 자기 방으로 올라갔다. 난 더 이상 그녀가 런던에 갔던 일을 생각하지 않기로 했다. 그녀는 할 수 있는 일을 했고, 해야 하는 일을 했을 뿐, 나에게 어떠한 질투나 상상 따위는 허락되지 않았다. 그것이 바로 내 상황이었다. 난 방으로 들어와 책상 앞에서 그 티켓을 바라보았다.

런던…. 나도 모르게 검정펜을 들고 그 검정 마그네틱 선에 글자를 적었다.

'아만다.'

질투를 하고 꿍해 있기에도 아까운 시간 아닌가? 난 그저 지금 이 순간을 함께할 뿐이니까….

7. 26. 아몬드

금 같은 하루하루가 지나가고 있었다. 한국 친구들의 시험이 끝났기 때문에 수업 분위기는 한층 활기차고 밝아져 있었다. 수업 주제도 시험에 대한 것보다 재미있고 흥미 있는 것들로 바뀌었다. 아침 수업이 거의 끝나고 점심이 다 될 무렵, 마가렛 선생님께서 자신이 가져온 초콜릿을 나눠 주셨다. 그것은 카라멜, 토피toffee, 딸기, 아몬드, 다크초콜릿 등 여러 가지 맛의 초콜릿 상자였다. 선생님은 학생들에게 차례대로 물었다.

"무슨 맛 줄까?"

"전 다크 주세요."

재상이가 말했다.

"전 토피 주세요", "전 딸기요" 여기저기서 자신이 원하는 것을 말했다. 난 식욕이 없던 터라 별로 먹고 싶지 않았다.

"사토시, 뭘 원해?"

"전 아몬드요."

"성진, 뭘 원해?"

"아만다."

잠시 정적이 흘렀고, 여기저기서 환호가 터져 나왔다. 이미 내가 아만다를 좋아하고 있다는 것은, 대놓고 얘기하지 않을 뿐 모두가 알고 있는 사실이었다. 누군가를 좋아한다는 것은 머리로만 제어되는 일이 아니기에 좋아하는 것까지는 어쩔 수 있으랴마는, 그렇다고 대놓고 누군가와 사귈 수 있는 처지가 아니었다. 더군다나 그녀는 남자친구가 있었고, 모두들 그런가 보다 하고 바라보고 있는 터였는데, 나도 모르게 그녀의 이름을 공공연히 외친 것이다.

환호는 쉽게 멈추지 않았다. 그것을 말려야 하는 선생님마저도 오히려 흥을 내고 있었다. 난 적잖이 당황했다. 선생님이 질문했을 때 특별히 그녀 생각을 하고 있던 것도 아니었는데 왜 그 이름을 말했는지…. 난 아몬드라 말했는데, 내 입은 아만다를 외쳤다. 이것이 무의식인가? 나도 내가 무슨 말을 한 건지, 그리고 이 작은 실수가 얼마나 크게 확장될지 그 순간 알 수 없었다. 때마침 수업이 끝나고 2층에서 수업하는 친구들이 식당에 가려고 아래층으로 내려왔다. 우리 반에서 들리는 환호 소리에 다른 반 친구들이 고개를 하나 둘씩 빼꼼 내밀었다.

"무슨 일이야?"

하필 무슨 일이 일어났는지 물어본 사람은 아만다였다. 그냥 모른 척 지나가면 좋으련만.

"얘가 방금 니 이름을 말했어, 크게~ 마가렛 선생님이 뭘 원해? 이렇게 물었거든, 근데 아만다~ 이렇게 말했다니까."

난 고개를 들 수 없었다. 그녀가 어떤 표정인지 궁금하긴 했지만 차마 볼 수 없었다. 분명 그때부터 우리 사이에는 말하지 못할 어색함이 흘렀다. 그녀도 내가 그녀를 좋아하고 있다는 걸 알고 있었을 것이다. 그 마음이 친구와 이성적인 감정의 경계선에 어중간하게 걸쳐 있다는 것도 말이다. 아마 그녀는 내가 친구로서는 좋지만, 이성적으로는 멀리하는 게 좋겠다고 생각했는지도 모르겠다. 많은 갈등을 했을지도….

암묵적으로 흘러가는 것과 명확하게 감정이 드러나는 것은 엄연히 큰 차이가 있다. 나중에 안 사실이지만, 아만다는 당황한 나를 보고서, 친구들에게 이제 그만하라고 손가락을 입술에 대고 '그만'이라고 입모양을 내고 갔다고 했다. 이탈리아 친구와의 일도 그렇고, 그녀는 위기 때면 의연하게 대처했다.

그 후로 그녀에게 말을 걸지 못했다. 점심 식사 때는 일부러 다른 테이블에 앉았다. 컴퓨터실을 같이 가자고도, 같이 찬양을 부르자고도 하지 못했다. 그녀 또한 내게 말을 걸지 않았다. 이 상황이 앞으로 얼마나 갈지 가늠이 되지 않았다. 어쩌면 친구보다도 못한 어색한 관계로 헤어지게 되는 건 아닐까? 이렇게 어이없이 고백을 한 사람이 또 있을까? 웃을 수밖에 없는 이 황당한 상황에서 유일하게 심각한 사람은 나뿐이었다. 그녀도 그럴까?

7. 28.

 오늘은 목요 모임이 있는 날이었다. 남아 있는 유럽 친구들을 초대해서 같이 예배드렸다. 그중에는 오지 않은 친구도 있었지만, 아만다는 우리 모임 가운데 함께 있었다. 모임 특성상 남녀가 같이 앉지 않았다. 난 왼쪽에, 그녀는 오른쪽에 앉게 되었다. 난 그녀 생각으로 예배에 집중하지 못했다.

 '하나님, 제가 그녀를 좋아하면 안 되나요? 어차피 결혼도 안 했는데. 어차피 많은 사람들이 다 헤어졌다 만났다 하잖아요. 그냥 제 마음을 말하는 건 괜찮죠? 그냥 좋아만 하는 건 괜찮은 거죠?'

 분명 찬양은 하나님을 경배하는 가사였는데, 난 엉뚱한 기도를 하고 있었다. 기도가 아니라 거의 투정 부리는 것에 가까웠다.

 '포기해야 하는 건가요? 내 마음에 있는 잘못된 욕망인 건가요? 이게 훈련인 거죠? 제가 더 단단한 사람이 되도록 혹독하게 훈련하시는 거죠?'

 하나님께서는 내 마음에 어떠한 답도 주지 않으셨다. 보통은 마음속에 평안함을 주심으로 그 뜻을 알려 주셨는데, 평안함이 없고 여전히 전쟁통 같았다.

7. 30. 캔들 팩토리

또 하루가 찾아왔다. 이제 정말 얼마 남지 않았다. 하지만 이어색함을 뚫고나갈 방법을 찾지 못했다. 애써 태연하게 말이라도 걸어 볼까? 머리가 복잡했다.

"성진아, 뭐해? 오늘 캔들 팩토리 갈 건데, 같이 안 갈래?"

재상이가 온갖 생각에 잠겨 있는 내게 말을 걸어 왔다.

"캔들 팩토리? 양초 공장?"

"응. 거기 좀 유명한 곳이라고 하더라. 여기 있을 때 가보는 게 좋다고 하더라고. 갔다오면서 아이스크림 팩토리도 들를 거야."

"아이스크림 공장?"

"거기서 직접 아이스크림을 만든대. 젖소에서 우유를 짠 다음 수제로. 장난 아니겠지?"

재상이는 잔뜩 기대한 표정이었다.

"됐어. 너희나 가."

그래 봤자, 양초는 양초고 아이스크림은 아이스크림이지. 사실 아무런 생각 없이 있으려면 뭐라도 해야겠지만, 아무것도 하기 싫었다.

"진짜야? 너 나중에 한국 가서 후회하지 마. 민성 형제님이랑 모니카 사모님 차 이렇게 두 대로 갈 건데, 인원 다 차면 나중에 끼워 달라고 해도 못 가."

"넌 양초 만드는 게 궁금하냐? 난 별로 관심 없어. 그냥 쉬는 게 좋을 것 같다. 사람들 없을 때 바스bath나 해야겠다."

"너 바스할 때 거품 쓰지? 바스 끝나면 거품 다 빼라고 하더라."

"알아. 캔들 팩토리 잘 갔다오고."

나는 재상의 제안을 거절한 뒤 방으로 들어가, 반신욕을 할 준비를 했다. 브래들리에는 공용 욕조가 한 군데밖에 없었다. 브래들리 기숙사에는 20명 정도가 함께 생활했는데, 그중 반신욕을 하는 사람은 선교사님을 제외한 학생들 중 네 명 정도였다. 나는 쉽게 경직되는 근육을 풀기 위해 자주 반신욕을 했다. 그러다 보니 바스 용품에 관심을 갖게 되었고, 영화에서나 보던 바스 거품을 구입하게 되었다. 세제처럼 생긴 액체를 한 뚜껑 바닥에 뿌리고 물을 틀어 놓으면 거품이 뽀글뽀글 올라왔다. 뭐 거품이 있다고 특별히 근육이 더 풀리는 건 아니지만, 기분도 나고 향기도 좋았다. 나는 거품액을 바닥에 뿌린 후 물을 틀어 놓고, 방에서 속옷, 수건, 갈아입을 옷 등을 챙겨 나왔다.

그때 복도 끝 계단 밑으로 내려가는 아만다의 뒷모습이 눈에 들어왔다. 넌지시 창 밖으로 그녀의 동선을 지켜보았다. 그녀는 브래들리 현관에서 멈췄고, 이어서 사람들이 커먼룸에서 나와 브래들리 현관으로 모였다.

순간 재상이가 옆을 스치고 지나갔다.

"나 갔다올게."

"너 어디 가?"

"어디 가긴, 캔들 팩토리 간다니까. 사람들 기다린다, 잘 쉬어."

"야, 야야. 잠깐. 지금 저기 있는 사람들 캔들 팩토리 가는 거야?"

"어."

"자리 있어?"

"글쎄, 없을 거 같은데."

"'같은데'가 뭐야. 빨리 알아 봐."

"안 간다며?"

"그… 거기 향초도 팔 거 아냐? 그거 저녁 때 켜고 기도하면 좋을 것 같더라…."

나는 생각나는 대로 둘러대며, 챙겨 나온 옷가지를 침대 위에 던져 놓고 나왔다.

"야, 너 이러고 갈 거야?"

그때 난 파자마 같은 이지웨어를 입고 있었다.

"아, 맞다. 저기 바스 물 좀 꺼줘."

"야, 이 거품 다 빼려면 한참 있어야겠는데."

난 옷을 다 갈아입고는 욕실로 들어가 물과 거품을 빼고 있는 재상이를 향해 말했다.

"비켜 봐, 내가 할게. 넌 내려가서 자리 좀 맡아 주고…."

나는 팔을 걷어붙이고 욕조에 손을 넣어 마구 저으며 최대한 거품을 없애려 했다. 빨리 나가야 하는데 저어도 저어도 계속 거품이 올라와 쉽게 빠지지 않았다. 꼭 내 마음 같았다….

그렇게 허겁지겁 밑으로 내려갔을 때 이미 사람들은 자동차에 몸을 싣고 있었다. 아만다는 민성이 형 차에 타고 있었고, 모니카 사모님 차에 한 자리가 비어 있었다. 뒤늦게 온 나는 아무 선택권 없이 거기 타야 했다. 순간 아만다 옆에 앉아 있는 재상이와 눈이 마주쳤다. 차를 잡아 준 재상이에게 고마워해야 했지만, 왠지 눈치없고 얄밉게 느껴지는 건 배은망덕일까? 그런데 순간 재상이가 차에서 내려 내게 달려왔다.

"자리 바꿔 줄까?"

바꿔 주려면 진작에 저쪽에 탔어야지, 그렇지 않아도 어색한데 일부러 바꾸면 얼마나 더 어색할까?

"됐어!"

뭔가 고마운데, 완전히 고맙지는 않았다. 역시 사람은 착하기만 해서는 안 된다. 눈치와 배려가 함께 어우러질 때 진짜 아름다운 거라고 한마디 하고 싶었지만 참았다.

그렇게 우리는 캔들 팩토리로 출발했다. 그곳은 생각보다 멀리 있었다. 난트위치에서 2시간 정도를 체스터 위쪽으로 달려야 했다. 2차선밖에 되지 않는 좁은 길을 힘껏 달렸다. 넓은 초원과 낮은 언덕, 한국에서 쉽게 볼 수 없는 양들이 여기저기 보였다. 양들은 기독교 삽화에서 보듯 희고 깔끔하기보다, 회색빛에 지저분해 보였다. 그럼에도 그 새끼들은 하얗고 귀여웠다.

꼬불꼬불 좁은 길로 올라가 우리나라 첨성대 같은 돌들로 작은 성처럼 지어진 곳에 도착했다. 새로 건물을 짓기보다 예전 건물을 개조해 사용하는 것이 내부 시설을 마련하는 데는 불편함이 있겠지만 외관은 말할 나위 없이 고풍스럽고 멋있었다. 차에서 내려 기지개를 펴자 민성이 형 자동차가 뒤따라 도착했다. 그런데 그 차에 아만다가 없었다.

'어? 왜 아만다가 없지?'

궁금했지만, 물어볼 수가 없었다. 난 태연한 척 무리와 함께 캔들 팩토리에 들어갔다. 양초가 좀처럼 눈에 들어오지 않았다. 옆으로 지나가는 재상이에게 조용히 물었다.

"너희 다 온 거 맞아? 누구 없는 것 같은데."

"아만다? 걔는 체스터 간다면서 아까 중간에 내렸어."

"조용히 말해! 근데 갑자기, 왜 체스터에 가?"

"원래 체스터 간다고 했는데, 처음부터."

순간 뭔가에 얻어맞은 것 같은 기분이 들었다. 애꿎은 재상이가 미워졌다. '뚜껑 열린다'는 표현이 어떤 건지 확실히 알 것 같 았다. 왜 그 얘기를 안 해줬냐고 따지고 싶었지만, 어차피 돌아올 대답은 뻔했다. 내가 안 물어봤잖아. 아까는 왜 자리를 비켜 준다 고 해서 끝까지 같이 가는 것처럼 오해하게 만드냐? 따지고 싶었 지만, 사실 재상이에겐 아무런 잘못이 없었다. 그냥… 내가 바보 였다.

이왕 이렇게 온 거, 화를 내고 불평한다고 달라질 건 없었기에 마음을 다스려 보았다. 이곳 저곳 둘러보기 시작했다. 그곳엔 초 뿐 아니라 여러 가지 유리 공예 장식품도 판매하고 있었다. 오색 빛깔 도자기와 유리 조각들이 진열되어 있었고, 다른 코너에는 양초 만드는 과정을 체험할 수 있도록 해놓았다. 이왕 이렇게 온 거, 뭐라도 하나 사고 싶은 마음에 여기저기 둘러보다 아까 말했 던 향초를 사기로 했다.

"여기, 향초 있나요?"

나는 직원에게 물었다.

"향초는 저쪽 코너에 있어요. 그런데 여기, 버너burner에 향 오일 을 뿌려서 쓸 수 있는 게 있어요."

도자기로 된 버너에는 바베큐를 할 때처럼 나무봉에 항아리가 달려 있고, 그 밑에 작은 초로 불을 피우게 되어 있었다. 작은 항 아리에 물을 담고, 물 위에 향 오일을 떨어뜨리면, 그 물이 데워 지면서 향이 풍겼다. 버너, 향 오일, 작은 은박초를 따로 사더라도 향초와 크게 차이 나지 않아서, 버너 세트를 구입했다. 향 오일은 종류가 많아서 특별한 취향이 있지 않은 나로서는 뭘 사야 할지 몰랐다. 또한 향 종류가 많아서 일일이 맡아 보고 구매하기가 쉽지 않아 보였다.

그중에 눈에 들어오는 네임태그가 있었다. '사랑의 향기'라고 써 있는 선반 위에 몇 가지 향 오일이 있었다. 그중 하나에 코를 가까이 했다. 바다 향처럼 시원하면서도 살짝 달콤한 향이 코로부터 온몸에 스미는 듯했다. 마치 한 번도 가보지 않은 열대 해변에 있는 듯했다. 가을이 들어설 때처럼 시원하고 설레는 기분이 들기도 하는 것 같았다. 평소 향수를 잘 쓰지 않는 나는 향기라는 것이 이렇게 좋다는 것을 처음 느꼈다. 그냥 몸이 반응하고 기분이 좋아졌다. 그래도 신학생이라고 문득 "우리는 그리스도의 향기"(고린도후서 2:15)라는 구절이 떠올랐다.

"그거 패션 푸르트passionfruit 향이에요."

패션 푸르트, 이름이 좋았다. '패션'은 '열정'이란 뜻이고 '푸르트'은 '열매'니까, 열정 열매인가? 요즘 부페를 가면 종종 패션 푸르트가 후식으로 나오는데 당시는 어떻게 생겼는지도 모르는 과일이었다. 나는 그저 이름이 좋아 향을 샀다. 사실 그 향에는 패션 푸르트 말고 몇 가지 향이 섞여 있었는데 이름은 기억 나질 않는다. 단지 머릿속에 남아 있는 것은 사실인지 상술인지 모를 '사랑의 향기'라는 네임태그였다.

전혀 기대하지 않았던 캔들 팩토리는 의외로 기분이 전환되는 좋은 시간이 되었다. 다시 난트위치로 가는 차 속에서 창 밖을 보며, 아만다가 없으면 참 마음이 편하겠다는 생각이 들었다. 하나님의 말씀을 깨닫는 기쁨과 평안함이 오래도록 내 마음을 덮어 주길 바랐다. 하지만 애석하게도 그 바람은 이루어지지 않았다. 난트위치에 도착하기도 전에 '그녀가 브래들리에 먼저 와 있을까?' '없다면 저녁에 혼자 오기엔 위험할 수도 있는데 마중 나갈까?' 하는 생각부터 시작해서, 그녀에 대한 생각이 일파만파 몰려왔다.

어느새 브래들리에 도착했을 때 그녀가 혼자 쓰는 2층 방에 불이 켜져 있는 것이 보였다. 그녀 방에 가서 노크를 하고 싶었지만, 어색함이라는 장벽이 두텁게 가로막고 있었다. 답답한 마음에 방에 가지 못하고, 한국에 있는 친구들 근황과 사진을 볼 겸 컴퓨터실로 향했다.

"성진."

학교에 다다랐을 때 누군가 코너 어둠 속에서 나를 불렀다. 여러 가지 생각에 잠겨 멍하니 걷고 있다가 눈을 들어 불빛에 비치는 실루엣을 자세히 보니, 아만다였다.

"아만다!"

"캔들 팩토리 잘 갔다왔어?"

그녀는 아무 일도 없었다는 듯 자연스럽게 말을 걸었다.

"어, 좋았어."

방에 불이 켜져 있어 브래들리에 있는 줄 알았던 그녀가 학교에서 나오는 바람에 더 깜짝 놀랐다. 하지만 그 덕에 여러 생각할 겨를도 없이 자연스레 대화가 이어졌다.

"넌 체스터 잘 갔다왔어? 무슨 일로 간 거야?"

"그냥 구경 갔어. 멀지도 않은데 한 번도 못 가봐서."

난 그녀에게 학교로 가자고도, 발걸음을 돌려 같이 브래들리로 걸어가자고도 못 하고 어중간한 길목에서 그녀와 대화를 이어갔다. 대화의 흐름이 끊기면, 금방이라도 인사를 하고 헤어져야 할 것 같았기 때문이다.

"그, 엊그제 그거 때문에 좀 불편해졌지?"

"어? 아니, 난 아무렇지도 않아."

사실 그녀도 좀 어색했던 것 같았다. 애써 태연한 척하는 모습에서 더욱 드러났다.

"난 또 니가 괜히 나 때문에 신경 쓸까 봐."

"친구~ 신경 쓰지마. 이제 갈 날이 얼마 안 남았는데 이렇게 어색하면 안 되지."

오히려 그녀는 나를 다독이며 환한 미소를 지었다.

'친구'라는 말이, 참 오묘하게 들렸다. 나를 밀쳐내고 선을 긋는 것 같기도 했고, 어색함 속에 거리를 두고 있는 나를 끌어당겨 주는 것 같기도 했다.

"아만다. 혹시 내일 내가 저녁 만들어 줄까?"

"저녁?"

"응. 내가 맛있는 한국 음식 만들어 줄게. 제니랑 가비랑 사포랑 같이 먹자."

난 단 둘이 먹고 싶었지만, 외국 친구들에게 한국 음식을 만들어 준다는 명목을 세워 그녀와 함께하고 싶었다.

"좋지."

"오케이. 잘 자."

7. 31.

모리슨에 가서 밀가루, 홍합, 새우, 간장, 야채 등 갖가지 재료들을 사왔다. 예전에 베트남 국수로 칼국수를 한 적이 있는데, 면이 육수와 어우러지지 않아 직접 밀가루로 반죽을 해서 만들기로 했다. 야심차게 한국 전통 칼국수를 만들기 시작한 것이다.

밀가루에 물을 넣고, 손으로 반죽하기 시작했다. 10분… 20분… 손이 저려오기 시작하고, 얼굴엔 땀이 송글송글 맺혔다. 커먼룸에 오가는 한국 친구들은 생전 못 보던 내 모습을 신기한 듯 쳐다봤다.

아만다는 그런 내 모습이 안쓰러운지 자신이 반죽해 주겠다고 했지만, 엄지손가락이 마비되는 것 같은 고통 속에서도 내가 하겠다고 허세를 부렸다. 반죽을 나무 밀대로 잘 펼쳐 접고, 칼로 반죽을 잘라냈다.

헉! 반죽이 뭉쳐 떨어지지 않았다.

"성진아, 중간중간 밀가루를 뿌리면서 잘라야지. 아이고….”

얼굴부터 주방까지 밀가루 범벅을 하고 있는 나에게 안젤라 이모가 지나가면서 말했다. 밀가루 반죽은 면도 아니고 수제비도 아니었다. 다시 뭉쳐서 반죽을 편 다음 썰어야 하지만, 기다리는 사람도 나도 지쳐 버렸다. 나는 어쩔 수 없이 전에 사놓은 베트남 국수를 꺼내 왔다. 이럴 거면 왜 한 시간 동안 난리를 쳤을까 싶었지만, 굶주림 속에서 나를 애타게 보고 있는 저들을 더 이상 기다리게 할 수는 없었다.

'그래, 칼국수는 면보다 육수야.'

멸치를 우려 내고, 홍합, 새우, 애호박을 넣고 면을 집어넣었다. 이제껏 먹어 본 수많은 칼국수 중 제일 화려하고, 비용과 정성이 가득 담긴 칼국수였다. 나는 면과 국물을 정성스레 그릇에 담고, 아만다와 다른 외국인 친구들을 불렀다. 그리고 남는 것이 있어, 쭉 지켜보고 있던 재상이를 불렀다.

"야, 남아서 주는 거야?"

"아니. '남게 되어서' 주는 거야."

능청스러운 내 표정에 재상이는 웃으며 식탁 앞에 앉았다.

"자, 한번 먹어 봐."

아만다와 친구들은 어설픈 젓가락질로 칼국수를 맛보았다.

"음…."

"괜찮니?"

"맛있는데."

"진짜야?"

난 아만다의 칭찬에 엄지손가락에 뭉쳤던 온갖 피로가 단번에

씻기는 듯했다.

"성진아."

재상이가 불렀다.

"왜?"

"이건 아니야…."

나는 칼국수를 한 젓갈 입에 물었다. 어디서부터 잘못된 걸까? 면? 멸치? 바지락이 아니라서 그런가? 베트남 쌀국수가 육수를 흡수하지 못한 걸까? 난 국물을 들이켜 보았다. 뭔가 많이 집어넣긴 했는데, 애호박 하나만 넣고 끓인 할머니 칼국수보다도 못했다. 이 밋밋하고 알 수 없는 맛은 뭘까? 멸치만 믿고 소금을 넣지 않아서일까?

"아만다, 진짜 맛있어?"

재상이는 짓궂게 아만다에게 물었다.

"어. 맛있는데…."

아만다의 자신 없는 말투, 그녀는 분명 마음을 숨기고 있었다.

"성진아, 솔직히 말해. 이거 칼국수 맛이 아니라고. 이거 한국 이미지 실추야. 얘네가 한국 음식을 어떻게 생각하겠냐."

재상이가 외국 친구들이 알아들을 수 없는 한국말로 내게 말하자, 다른 친구들이 내용이 궁금한지 나를 쳐다보았다.

"안 돼. 이런 칼국수도 있겠지… 한국 어딘가엔…."

"음식 한 그릇에 양심을 팔지 마."

"친구야, 너만 입 다물면 돼."

순간 식당에서 식사를 하고 온 한국 친구들이 몰려왔고, 너도 나도 칼국수를 한 점씩 먹어 봤다. 준수가 말했다.

"야, 이거 뭐야? 베트남 국순가? 누가 만들었어? 제니? 신기하다."

'눈치 없는 자식…'

제니는 대만에서 온 아시아계 친구였다.

"아니, 성진이 만들었어."

제니가 말했다.

"이거, 성진이가 만든 코리안 트레디셔널 누들이야."

아만다가 친절하고 정확하게 말했다.

"코리안 트레디셔널 누들?"

"칼국수! 임마, 칼국수!"

내가 보다 못해 말했다.

"칼국수??"

난 겨우 한국 친구들의 입을 막고 돌려보냈다. 그 와중에도 외국 친구들은 배가 고파선지 예의상인지 끝까지 맛있게 먹어 주었고, 나는 만들어 주고도 괜히 미안한 마음이 들었다. 일하고도 욕먹는다는 게 이런 거구나 싶었다. 맛은 여러 가지 고급진 재료가 아니라 소금간이 좌우한다는 간단한 진리를 배웠다.

"우리한테는 6개월 동안 한 번도 한국 음식 안 해주었으면서,

고작 본 지 한 달밖에 안 된 애들한테는 온갖 정성을 다 쏟냐? 너무하다."

아영이 목소리에 옆을 보니 희라, 지희도 곁에 있었다.

"나도 한번 맛볼게."

지희는 한번 집어 먹고는 말했다.

"얘들아, 라면 끓여 먹자. 리버풀에서 사온 라면 있지?"

칼국수를 만회하기 위해 김밥을 만들기로 했다. 김밥은 절대 실패할 수 없는 음식이다. 안젤라 이모에게 나중에 한국 슈퍼에서 사주기로 약속하고 단무지를 빌렸다. 집에서 가져온 김이 있었고, 쌀은 영국 쌀이긴 했지만 그나마 찰진 것을 사다가 밥을 지었다. 이번에는 욕먹지 않도록 웬만한 사람들 반 줄씩은 먹을 수 있게 충분한 양으로 만들었다. 옆구리가 터진 것들도 있지만 단무지와 햄이 맛있어서인지 먹을 만했다. 너나 할것 없이 지나가는 사람들은 한 점씩 집어먹으며 맛있다고 해줬고, 어제는 시샘하던 여자아이들도 엄지손을 치켜들었다. 그런데 아만다가 안 보였다.

"지희야, 아만다 못 봤어?"

"아만다? 아침에 아영이랑 맨체스터 갔는데."

"맨체스터? 그렇구나… 고마워."

차츰 김밥이 식었고 딱딱해지기 시작했다. 저녁 시간이 한참 지나자, 어차피 먹지 못하게 될 김밥이 재상이와 준수 입으로 다 들어갔다. 밤 10시가 지났는데도 아직 아영이랑 아만다는 도착하지 않았다. 5시만 지나도 웬만한 가게들은 문을 닫는데, 지금 어둠까지 짙게 깔렸다. 얼마 전에 준수랑 재상이랑 다운타운에 갔다가 영국 10대들이 맥주캔을 던져 맞을 뻔한 일이 있었다. 아직 철없는 10대들에게 얼굴이 다른 동양인은 친구들과 함께 욕하며 놀릴 만한 놀이감이었다. 나는 걱정되기 시작했다.

"준수야, 같이 버스 정류장에 가자. 맨체스터에서 버스 타면 다운타운에 도착하지?"

"어."

나는 준수와 난트위치 다운타운으로 향했다. 그런데 앞에서 두 사람이 걸어오는 것이 보였다.

"아만다?"

"누구야?"

"나야, 성진이."

"어? 여기 웬일이야?"

그들이 가까이 오자 가로등 불에 얼굴이 보였고, 손에는 쇼핑을 했는지 짐이 가득했다. 아만다 옆에 있는 아영이 얼굴을 보니 괜히 화가 났다. 난 한국말로 아영이에게 말했다.

"왜 이렇게 늦게 다녀? 저녁에 여자 둘이 다니면 얼마나 위험한 줄 알아?"

"왜 이래? 걱정되면 걱정된 거지. 좀 지나치게 발끈한다."

"미안. 걱정되니까 그런 거지. 잘 왔으니까 됐다."

"니가 언제부터 그렇게 걱정해 줬냐? 누가 보면 날 엄청 챙겨 주는 줄 알겠네."

"꼭 그렇게 말해야겠냐. 그럼 아만다만 걱정하겠냐? 너도 소중한 친군데. 너 혼자 갔어도 나왔을 거야."

요즘 외국 친구들에게 뭔가를 해주려 할 때마다, 내가 가까운 친구들에게 베풀지 않고 소홀했나 돌아보게 되었다. 물론 다른 친구들도 나에게 칼국수나 김밥을 해준 적이 없지만 말이다. 어쩌면 나의 호의는 신념과 평소 습관에서 배어 나오는 깊이 있는 호의가 아니라, 어떤 목적에서 나오는 정도의 호의일지도 모르겠다.

8.4. 목요모임

　목요 모임이 시작되었다. 난 또 집중하지 못하고 스스로 씨름하고 있었다. 그 사이에 예배는 막바지로 향했다. 오늘은 특별히 다음 주면 떠나게 될 유럽 친구들을 축복해 주는 시간을 가졌다. 모두 화기애애한 분위기에서 앞으로 나와 자연스럽게 둘둘, 셋셋 짝을 지어 서로 축복해 주기 시작했다. 축복송을 부르며 서로의 인생에 하나님의 도우심이 있기를 기도했다. 하지만 난 마음속에 서로 부딪치는 생각들 때문에 그곳에 있을 수 없었다.

　교회 밖으로 나왔다. 어둔 밤, 환하게 빛이 새어나오는 교회를 등지고 듬성듬성 놓여 있는 가로등 아래 어렴풋이 어두운 길을 걸었다. 그리고 빛이 닿지 않는 정원 잔디밭 한가운데 드러누웠다. 하늘은 맑고 별들은 많았다. 어둔 잔디밭도 눈이 적응되자 조금씩 형체가 보이기 시작했다.

　밝은 교회보다 이곳에서 마음이 편해지는 까닭은 뭘까? 난 빛보다 어둠을 좋아하는 사람이 된 것인가? 예배가 끝난 후, 걱정과 세상의 욕망을 덜어내고 화기애애하게 축복하는 그 자리가 불편한 건 왜일까? 마음에 불순한 뭔가가 있기 때문일까? 가장 자유하고 평안해야 할 예배 후 나눔의 공간으로부터 동떨어져 있다는 건, 잔칫날 부모님께 혼나서 뾰로통하게 혼자 있는 아이가 된 기분이었다. 혼자 있겠다고 억지부리지만, 누군가가 날 억지로라도 데리고 갔으면 하는 아이 말이다.

처음으로 축복의 시간이 불편하지 않고 좋게 느껴진 건 대학교 1학년 때였다. 어릴 적부터 예배 시간 중간에 옆 친구들에게 축복의 말을 건네거나, 생일을 맞이한 친구를 향해 손을 뻗는 것이 너무나 어색했다. 그래서 그 시간이 싫었다. 앞에 계신 전도사님이 친구들을 향해 축복하라고 손을 내밀라고 하면, 도대체 회중의 마음을 알고 계시기는 한 건가 싶기도 했다. 몇몇 친구들은 축복하는 시간이 어색해 교회를 안 나오는 경우도 있었기 때문이다.

왜 축복하는 것이 형식적으로 느껴지고 그리도 어려웠을까? 그건 온전히 마음을 표현하기엔, 공동체가 서로 친하지 않았기 때문이 아닐까? 우린 서로 친하지도, 그만큼 같이 웃지도, 어려운 일을 함께 해내지도 않았다.

단순히 친밀함만이 문제는 아니었다. 자신의 욕구와 죄성으로부터 온전히 자유롭지 못한 자신을 발견할 때면, 누군가를 축복한다는 것이 거룩한 가면을 쓰고 가식을 떠는 것처럼 느껴지기도 했다. 한창 이성에 호기심과 욕구가 많을 시기, 여자를 바라볼 때는 순수한 마음보다 이상한 감정이 느껴질 때, 따뜻한 축복의 느낌보다는 죄책감이 느껴질 때가 많았다. 친구랑 싸우고 화해하지 못한 상태로 서로를 바라볼 때, 자신의 열등감을 극복하지 못하고 누군가를 부러워하고 시기하고 있을 때, 축복해야 하는 것은 곤욕이었다.

그런데 대학교 1학년 때 깊이 있게 하나님에 대해 묵상하고, 나 자신을 온전히 내려놓는 시간을 가지면서 축복이 처음으로 축제처럼 느껴졌다. 옆에 있는 친구가 사랑스러웠고, 반가웠고, 귀하게 여겨졌다. 마음속에 미움이나 시기가 사라지고 욕정도 없이, 그저 그 친구가 하나님 안에서 잘되길 기도했다. 내 마음이 온전치 못하더라도 축복할 수 있는 건, 나의 어떠함이 아닌 하나님의 이름으로 축복하는 것이기 때문이라는 사실을 알고 난 뒤 더욱 자유로웠다.

하지만 난 왜 지금 그 축복에서 동떨어져 있는가? 마음이 순수하지도 깨끗하지도 않을 뿐더러, 욕망이 있었고, 그것을 이겨내려 머릿속은 복잡해져 있었다. 사실 그것을 이기려 한 게 아니라 합리화하려 했는지도 모르겠다. 순간 눈물이 났다. 어디에도 속하지 못한 외톨이가 된 것 같은 느낌이 들었다. 대학교 1학년 때가 그리웠다. 이 불편한 마음을 그대로 도려낼 수 있다면… 그렇다면 나도 지금쯤 아만다를 보며 아무런 사심 없이 하나님의 이름으로 축복할 수 있었을 텐데….

사람들의 목소리가 들려왔다. 교회에서 나와 하나둘씩 브래들리로 향하고 있었다. 정원 가운데 누워 있는 나는 어둠 속에서 보이지 않았다. 야속하리만치 기쁘고 경쾌한 그들의 목소리와 맑고 아름다운 하늘은 더욱 나를 외톨이처럼 느끼게 했다. 그 옛날, 하나님께서는 다 늙도록 자식 하나 없는 아브라함에게 저렇게 아름다운 별들을 보여 주시며 위로하시지 않았을까? 그런데 왜 내게는 침묵하시는 걸까? 하나님은 요즘 날 신경쓰고 계시기나 한 걸까?

"성진아."

지희였다. 어둠 속에서 내 눈물이 보일 리 없겠지만, 다 마른 눈물을 손으로 훔치고 목소리를 가다듬으며 대답했다.

"응? 왜?"

"왜긴, 니가 안 보여서 왔지."

"예배 장소는 다 정리했어? 가서 마무리해야지?"

"벌써 다 치웠어. 뭐 치울게 있나, 의자만 정리하면 되는데. 너 괜찮아?"

"뭐가?"

"너 몸 안 좋잖아. 저녁 때 핫팩 줄 테니 그거 하고 자."

"아, 몸…. 고마워, 내가 알아서 할게."

순간 울컥하는 건 뭔가? 왜 이 작은 한 마디가 마음을 심하게 요동치게 하는지, 방금 전까지만 해도 하나님께서 날 돌보시지 않는 것 같다며 심술 부렸는데…. 하지만 부인할 수 없는 이 느낌은 역시 하나님께서 날 위로해 주신다는 거겠지. 그때 작고 따뜻한 말 한 마디가 차가운 마음에 얼마나 온기를 불어넣어 주는지 새삼 깨달았다. 우리는 서로 시험 준비하느라 딱딱해지고 예민해져 있었다. 난 그저 따뜻한 말 한 마디가 필요했는지도 모르겠다. 나는 더 산책을 하겠다며 그 자리를 피했다.

문득 나마저도 내 편이 아닌 듯했다. 왜 난 한 순간도 나일 수 없을까? 그냥 이대로 참아 낸다면, 난 정말 괜찮아질 수 있는 걸까? 시간이 지나면 마음이 무뎌지겠지…. 그렇게 마음이 식으면, 난 아무런 후회 없이 잘 살아갈 수 있을까?

어느새 난 이렇게 기도하고 있었다.

'고백은 해보겠습니다. 대신 결과는 받아들이겠습니다. 시도조차 해보지 않는다면, 마음이 괜찮아졌다 해도 후회라는 지워지지 않는 흉터가 남을지도 모르니까요. 어차피 내가 아무리 한다고 해도, 안 될 건 안 되는 거잖아요. 그러니 저는 제가 할 수 있는 한도에서 고백해 볼게요.'

그때 나는 기도다운 기도를 했다. 타협한 것이 무슨 기도냐고, 그 내용이 온전치 않다고 할 수도 있겠지만, 절실하게 하나님과 대면했다. 철없는 기도라도 분명 기도다운 기도였다.

8. 6.

나는 고백하기로 결심했고, 마지막 고백을 하기 위해 이것저것 준비하기 시작했다. 그녀에게 쓸 편지지를 사기 위해 시내에 나갔다. 그런데 편지지가 생각보다 너무 비쌌다. 예쁜 편지지가 5파운드나 하니, 환율을 계산해 보면 적어도 9,000원은 하는 셈이었다.

"어? 성진아. 여기서 뭐해?"

깜짝 놀라 뒤를 돌아보니, 아영이였다.

"어? 그냥 이것 저것 둘러보고 있지."

"편지지 사려는 거야?"

"어? 편지지 사두면 여러모로 쓸 데가 많으니까…. 근데 좀 비싸다."

"그렇네."

"그럼, 쇼핑 잘해. 난 좀 바빠서."

"너, 예전에 나한테 했던 말 기억나?"

나는 자리를 피하려 했지만, 아영이가 붙잡듯 말했다.

"뭐?"

"예전에, 한국에 있을 때. 내가 너한테 누구 좋아하는 애 생겼다고, 연애 상담했었잖아."

예전에 아영이가 누군가를 좋아하는 것 같다고, 어떻게 하는 게 좋겠냐고 물은 적이 있다.

"그랬지."

"그때 넌 이 4년 동안은 이성 친구에게 사사롭게 마음 쓰지 말라고 했잖아."

"그때, 마음 쓰지 말라고 한 게 아니라, 당시 나 같으면 하나님께만 집중하겠다고 했지. 공부도 열심히 하고 싶었고….”

"그런데, 왜 마음이 바뀐 거야?"

"어?"

"그때는 이성에게 관심도 없다고 했으면서, 어떻게 하다가 생기게 됐냐고?"

그녀의 표정을 보면 진짜로 궁금한 것 같기도 했고, 말투를 들으면 나를 추궁하는 것 같기도 했다.

"글쎄…. 그땐 마음이 말을 잘 들었는데… 지금은 잘 안 듣네."

"마음이?"

"혹시 그때 내가 그렇게 말해서 너한테 피해가 갔었니? 난 그냥 내 의견을 말한 것뿐인데."

"아니, 그냥 물어본 거야. 그런 거 없어. 그럼, 쇼핑 잘해~"

"어."

그땐 그녀가 내게 마음이 있다는 걸 미처 헤아리지 못했다….

난 비싼 편지지 말고 예쁜 A4용지를 사야겠다고 생각했다. 노란색 배경에 주황색이 알록달록 들어가 있는 A4용지 한 묶음을 사고, 그걸로 편지지도 하고 편지 봉투도 만들 참이었다.

집으로 돌아가 A4용지 여러 장을 겹쳐 그 테두리를 빨간색 실로 한땀 한땀 꿰메어 서류봉투처럼 만들어, 그곳에 지난 추억이 있는 물건들을 담아 보았다. 식당 앞에 있는 분수대 근처에서 자라는 넝쿨이 있는데, 잎사귀 모양이 꼭 하트 모양을 닮았다. 언젠가 그것을 따서 책갈피처럼 책에 끼워 넣고 그녀를 위해 성경 한 구절을 써놓은 것이 있었다. 그것을 이참에 노란 봉투 속에 넣었다. 그녀의 이름을 써놓은 지하철표와 리버풀에서 주운 깃털도 넣었다. 이것저것 하나씩 넣다 보니, 지난 한 달 반 동안의 추억이 많았음을 알게 되었다. 추억만큼이나 많았던 내 안의 갈등 때문인지, 하루에도 수차례씩 떠올리던 그녀의 모습 때문인지, 정말 오랜 시간 같이한 것 같은데 이 모든 일이 고작 한 달여 동안에 일어난 일이라고는 믿기지 않았다.

막상 고백할 때 말문이 막히고 부족한 영어 실력 때문에 제대로 마음을 전하지 못할까 봐, 할 말을 미리 편지처럼 써보았다. 그리고 그 편지지에 캔들 팩토리에서 사온 사랑의 향기를 떨어뜨렸다. 이 향기가 정말 사랑을 불러오는 데 도움이 되길 소원했다.

그녀가 떠나는 날은 토요일이었고, 마침 나와 한국 친구들은 토요일에 뉴몰든이라는 곳에서 집회가 있어 런던으로 가야 했다. 뉴몰든은 런던에서 한 시간 정도 떨어진 곳인데 미국의 LA처럼 한인들이 많았다. 마음 같아서는 떠나기 전날, 곧 금요일 저녁에 이벤트를 하고 싶었지만, 인생은 생각과 바람대로 흘러가지 않고 늘 변수가 존재한다는 것을 뼈저리게 느끼고 있는 터라, 현실적이게 화요일에 고백하기로 했다.

8. 7. 친구들

그녀에게 내 마음을 전하는 데 예상치 못한 한 가지 장애물이 있었다. 그건 어색함도, 양심의 가책도 아니었다. 바로 친구들이었다. 그녀의 좋은 성격은 이곳에서 나 말고도 많은 친구들을 생기게 했다. 내 입장에서는 이곳의 모든 일이 나와 그녀 중심으로 전개됐지만, 그녀 입장에서는 내가 다른 사람보다 조금 더 친한 친구일 뿐이었다. 나는 그녀와 늘 함께하고 싶었지만, 그녀는 다른 친구들과 다운타운에 가서 쇼핑도 하고, 영화도 보고, 보드게임도 했다.

마지막 한 주가 남은 시점에서 시간은 애타게 흘러갔지만, 그녀는 난트위치의 추억을 하나라도 더 쌓으려는 듯 여러 친구들과 바쁘게 즐거운 시간을 보내고 있었다.

"헤이, 성진~ 모두 탁구 치러 간다는데 같이 안 할래?"

커먼룸에 앉아 있는 나에게 아만다가 다가와 말을 걸었다. 그녀 얼굴은 해맑았다. 나는 다른 친구들이 탁구 치러 식당 3층으로 가고 나와 그녀만 남았으면 좋겠다고 생각했지만, 그녀는 탁구 칠 생각에 들떠 있는 듯했다.

"아냐. 난 안 갈래."

"왜? 무슨 일 있어?"

"아니. 아무것도…. 그냥 숙제할 게 있어서."

"숙제? 시험도 끝났는데? 다들 점수 나올 때까지 즐겁게 노는데 너도 좀 쉬어. 쉬는 것도 중요해. 그래야 나중에 공부할 때 더 집중할 수 있지."

"아만다! 얼른 와."

누군가 부르는 소리에 뒤를 돌아보니, 아영이었다.

"오케이. 일단 좀 할 게 있어서. 먼저 가. 빨리 끝나면 갈게."

그녀는 아쉽다는 듯한 표정을 지으며 아영이와 식당으로 갔다. 아쉽지만 덤덤히 무표정하게 그녀를 보내고, 커먼룸 창밖으로 한참 동안 그녀의 뒷모습을 바라봤다. 둘만 있고 싶다고….

8.9. 할 말이 있는데

화요일 저녁, 9시쯤 되니 캄캄해졌다. 정원으로 나가 잔디밭에 수북하게 떨어져 있는 송충이같이 생긴 길다란 나뭇잎을 긁어모았다. 그것이 열매인지 잎인지는 잘 모르지만, 그것들을 모아 그녀 이름을 잔디밭에 써주고 싶었다. 그녀와 종종 걷던 산책로에서 진 선생님 집 뒤 자동 센서가 켜지는 곳에. 그렇게 한가득 나뭇잎을 모아 그곳으로 가져가 이름을 썼다. 'Amanda'.

캔들 팩토리에서 사온 버너에 쓰기 위해 사온 은박초들을 가져다 은은한 불빛을 내고 싶었다. 이미 준비해 놓은 편지와 갖가지 것들을 방에 잘 챙겨 두고, 이제 그녀를 부르는 일만 남았다. 일단 사람들이 다 방에 들어가 잠자리를 준비할 10시 30분 정도가 적당하다고 생각했다.

밤 10시부터 그녀의 동태를 살폈다. 그런데 그녀는 자기 방에 없었고, 커먼룸에도 없었고, 언어학교 컴퓨터실에도 없었고, 식당 2층 피아노실에도 없었다. 어디 있는지 한참을 찾다가 커먼룸에 앉아 자포자기하고 있을 때, 2층에서 우르르 내려오는 소리가 들렸다. 문 쪽으로 고개를 돌리니 아만다가 들어왔다.

"아만다."

"어, 왜 안 자고 있어? 축구 봐?"

누가 TV를 안 끄고 나갔는지 프리미어리그 경기 하이라이트가 나오고 있었다. 그 순간 뒤에서 아영이가 들어왔다. 아영이는 왜 이 시간에 나 혼자 커먼룸에 있는지 의아한 표정을 지었다. 그녀들은 냉장고에서 음료를 챙기고, 준비해 온 팝콘을 전자렌지에 돌렸다. 마치 재미난 영화를 보려는 듯 신나 보였다. 난 무심한 듯 TV를 보는 척했다. 아만다가 말했다.

"성진아, 잘 자~"

"어, 잘 자."

'혹시 영화 보니? 무슨 영화 봐?' 하며 말끝을 잡고 대화를 이어가면 기회가 생길까 싶었지만, 아영이가 옆에 있었다. 순간 아영이와 눈이 마주쳤다. 내 마음을 읽히기라도 한 것 같아 얼른 고개를 돌렸다. 그녀의 무표정한 눈빛은 감추고 싶은 내 마음을 냉소적이고 신랄하게 꿰뚫어보는 듯했다. 날 그냥 봤을 뿐인데 내가 제 발 저리는 거겠지….

그녀들이 올라간 뒤 얼마 되지 않아 난 다시 정원으로 나왔다. 정원에 잎사귀로 만들어 놓았던 그녀 이름을 지워야 했기 때문이다. 난 그 잎들을 모아 다시 정원 여기저기에 흩뿌렸다. 역시나 내 예감처럼 인생은 내가 얼마나 간절한가와 상관없이 무심한 듯 흘러갔다.

8. 10. 오늘은 꼭

어제 이벤트가 실패해 여러 가지 생각이 많았다. 오늘도 실패한다면 이틀밖에 안 남은 상황에서 더욱 바빠질 거란 생각이 들었다. 오늘은 반드시 성공해야 했다. 저녁이 되어 또다시 어제의 나뭇잎들을 긁어모으기 시작했다. 그리고 그 모든 것을 준비한 뒤 다시 그녀를 찾아다녔다. 그녀는 커먼룸에 있었는데, 여러 사람들과 함께 있어 불러낼 수 없었다. 나는 그들 대화에 참여하는 척했지만, 그들이 무슨 말을 하는지 하나도 들어오지 않았다.

시간이 지나면서 하나 둘씩 자기 방으로 올라가고, 드디어 나와 그녀만 남았다.

"아만다."

"어? 너 오늘 기분 안 좋아?"

"나? 아니."

"아까부터 심각한 표정으로 말도 잘 안 하고…."

"아니야. 너 혹시 피곤해?"

"괜찮은데."

"그럼, 혹시 산책이나 할까?"

"산책? 좀 있다가 지희 방에서 영화 보기로 했는데."

"아, 그렇구나…."

나는 순간 '어제도 영화 본 거 아니었나? 무슨 영화를 매일 보나?' 싶은 생각이 들어 속으로 투덜거렸다. 내일이라도 시간 약속을 잡아야 했다.

"그럼, 내일…."

"아만다! 얼른 와. 너만 기다리고 있어~"

고개를 돌려보니 아영이었다. 지희랑 본다면서 왜 또 아영이지?

"어, 미안 미안. 성진아, 나중에 얘기하자. 애들이 기다린대."

"어…. 영화 잘 봐."

나는 눈치 없는 친구들이 미워지기 시작했다. 나 같으면 뭔가 눈치를 채고 비켜 줬을 텐데, 일부러 그러는 건지, 아니면 모르고 그러는 건지…. 그래, 나만 친한 게 아니지, 나만 아만다 친구가 아니지 하면서도 왜 이렇게 친구들이 미워지는지. 난 다시 정원으로 나가, 잎으로 그려놓았던 그녀 이름을 잔디 곳곳에 뿌렸다.

'그래, 내 사정도 말하지 않고 친구들이 알아서 비켜 주길 바라는 건 아니지. 그럼 솔직하게 친구들한테 부탁할까? 어차피 남자애들은 영향력이 없어. 여자 애들 중에… 아영이? 그래, 요즘 아영이랑 많이 다니더라. 그런데 아영이는 내심 불편했다. 그럼 지희? 지희한테 도와달라고 할까? 아냐. 이건 아니야.'

101

난 고개를 절레절레 저었다. 한숨이 나왔다. 고백할 마음을 지닌 채, 아무런 기약 없이 긴 밤을 보낸다는 것은 생각보다 쉬운 일이 아니었다. 시간은 지친 달팽이마냥 한없이 느리게 가고, 머릿속은 수많은 생각들로 가득 차고, 그 생각들은 마음을 들었다 놨다 하며 싱숭생숭하게 만들었다. 그렇게 무디고 긴 밤도 어느새 지나고 아쉬운 하루는 또다시 흘러갔다.

8. 11. 고백

목요일 아침이 되었다. 오늘도 그녀와 함께할 수 없다면, 이건 운명이라 받아들이겠다고, 하나님의 계획이라 받아들이겠다고 기도했다.

밤 10시, 사람들이 커먼룸에서 각자 방으로 들어가고 텅 비자, 나는 초저녁부터 보이지 않던 그녀를 찾기 시작했다. 그런데 어디서도 그녀를 발견할 수 없었다. 또 다운타운에 갔나? 누구랑? 애들은 다 여기 있는데…. 지희가 자기 전에 물을 뜨러 커먼룸에 왔다. 영국의 물은 석회질이 있어 석회를 걸러 주는 필터가 달린 물통에 걸러 먹어야 했다. 몇몇은 개인적으로 가지고 있었지만, 대부분은 커먼룸에 있는 물통을 사용했다.

"저, 지희야. 혹시 아만다 못 봤니?"

"못 봤는데…?

"혹시, 다른 방에서 놀고 있으려나."

"다른 방? 아영이한테 한번 물어봐. 요즘 자주 같이 다니던 것 같은데."

'나도 안다.'

난 속으로 말했다. 겉으로는 이렇게 말했다.

"혹시 니가 좀 물어봐 줄래?"

"왜? 직접 가서 물어보지."

"내가 여자들 방에 가기가 좀 그렇잖아."

마침 아영이가 커먼룸으로 들어왔다. 지희가 나를 대신해 물어봤다.

"아영아. 너 혹시 아만다 봤어?"

"아니. 오늘 계속 안 보이던데. 왜?"

아영의 질문에 지희는 나를 힐끗 쳐다봤고, 나는 고개를 절레절레 흔들었다.

"아니, 그냥. 아영아. 먼저 물 떠."

지희는 걸러진 물이 담긴 물통을 아영이에게 건냈다.

"왜? 먼저 떠."

아영이는 물을 양보하는 지희에게 다시 양보했지만, 지희는 먼저 아영에게 물을 주고 그녀를 보냈다. 그리고 내게 말을 걸었다.

"너, 아만다한테 할 말 있어?"

"나? 아니. 이제 내일 모레 가니까⋯. 그래도 제일 친하게 지냈는데, 요즘은 도통 이야기할 시간이 없어서."

난 순간 솔직히 이야기하고 도움을 구할까 생각했지만, 지희와 아무리 친하다고 해도 '이건 아니다'라는 생각이 들었다.

"아만다 보면, 너가 찾고 있다고 말해 줄까?"

"아니야. 지희야, 고마워. 잘 자."

뭔가 도와주려는 그녀를 보내고, '말해 달라고 할 걸 그랬나' 하는 후회가 밀려 왔다. 브래들리를 나가 아만다의 방에 불이 켜져 있는지 쳐다봤다. 불은 꺼져 있었다. 불이 꺼져 있다는 것은 그녀가 방에 없거나, 이미 잠들었다는 뜻이다. 그녀가 방에 없는 건 차라리 낫지만, 이미 잠들었다면 모든 기회는 날아간 것이다.

이건 운명이었다. 하나님께서 '너 아침에 한 기도 생각나지?'라고 말씀하시는 것 같기도 했다.

갑자기 어디서 용기가 났는지 몰라도, 난 그녀 방을 직접 확인해 봐야겠다고 생각했다. 더 이상 기다릴 수 있는 시간도 없지만, 그럴 수 있는 인내력도 없었다. 그녀가 자고 있더라도 좀 크게 노크를 하면, 그녀가 있는지 없는지 확인이 되겠지. 난 그녀의 방에 가서 직접 노크를 하기로 했다. 열방신학교에서는 형제가 자매 방 근처에 가는 것은 매우 드문 일이었고, 나 또한 신학교에 온 이후 단 한 번도 자매 방에 가본 적이 없었다.

형제 방과 자매 방은 화장실을 기점으로 나뉘는데, 남자화장실과 여자화장실은 붙어 있었다. 다행히 그녀는 자매 방이 시작되는 첫 번째 방이었다. 자매 방과 남자화장실은 한 걸음 차이인데도 다른 공간처럼 낯설게 느껴졌다. 그냥 복도에 서 있을 뿐인데 '제한구역'에라도 들어온 것처럼 이상한 느낌이었다.

용기를 내 그녀 방에 노크를 했다. 기척이 없었다. 방음이 안 되는 브래들리의 구조상 그녀의 이름을 부를 순 없었다. '아만다'라고 외치는 순간 2층 모든 사람이 내가 아만다를 부르는 걸 알 수 있을 정도였기 때문이다.

'자고 있는 건가' 하는 예감이 몰려왔다. 불길한 예감은 언제나 쉽사리 빗나가지 않았지만, 제발 그러지 않기를 기도했다. 이 마지막 밤을 애만 태우며 보낼 수 없었다. 지희에게 찾아가 아만다가 방에 있는지 확인해 달라고 하고 싶었지만, 이미 방에 들어간 지희를 다시 불러내는 것도 쉽지 않았다.

순간 아만다의 방문을 열어봐야겠다는 객기가 생겼다.

'자매 방을 연다? 진짜 그녀가 자고 있으면? 속옷만 입고 있으면? 이불은 덮고 있겠지…. 무슨 생각을 하는 거야? 아이고, 미친 놈! 절대 있을 수 없는 일이야! 절대로 있을 수 없는 일이지만… 열어 보자. 아냐, 이건 미친 짓이야. 미친 짓이면 어때? 난 이미 미쳤는데…. 미친 놈이 미친 짓 하는 건 당연한 거지…. 열어!'

순간, 상식을 뛰어넘을 만큼 제정신이 아니었다. 숨을 들이마시고 조심스레 문을 열었다. 어둠 속에 아무것도 보이지 않는 방에, 복도의 불빛이 문틈 사이로 점점 번지자, 서서히 방 안이 시야에 들어왔다. 나는 마치 좀도둑이라도 된 듯 심장이 마구 뛰었지만, 침착하게 어두운 방을 살폈다. 복도의 빛이 그녀의 방을 서서히 비추고, 그녀의 침대가 보였다. 침대에는 이불이 잘 정돈된 채 펴 있었다. 그녀가 없었다.

방문을 닫고 재빨리 종종걸음으로 내 방으로 왔다. 벌렁거리는 심장을 가라앉히고 있으니, 내가 지금 뭐하는 건가 싶기도 하고, 스스로 생각해도 미친 것 같아 실웃음이 나왔다. 그녀가 없다! 그녀가 없다는 건 아직 희망이 있다는 뜻이었다.

도대체 이 늦은 시간에 그녀는 어디 갔을까? 다른 방에 가서 잠을 자는 걸까? 난 다시 커먼룸으로 내려갔다. 오늘만은 다른 친구랑 있다고 해도 불러야겠다고 결심했다. 그들이 뭐라고 생각하든지 불러내서, 내 할 말은 해야겠다고 생각했다. 그런데 자매들 방을 하나씩 다 두드리고 다닐 순 없는 노릇이었다. 그래서 커먼룸에 혼자 멍하니 앉아 있었다.

"너 아직도 여기 있냐?"

지희였다.

"응. 왜 또 왔어?"

"핫팩 좀 하려고. 요즘 밤에는 춥더라고."

더 이상 뒤로 물러설 것도, 숨길 것도 없었다.

"지희야, 너 아만다 못 봤다고 했지?"

"아까 말했잖아."

"혹시 다른 방에 있나 좀 봐줄 수 있을까? 그리고 있으면 내가 찾는다고 말 좀…."

지희는 내 얼굴을 보더니, 다 이해한다는 표정으로 대꾸도 없이 2층으로 올라갔다. 그리고 잠시 뒤 계단 내려오는 소리가 들렸다.

"없어."

"없다고? 아영이 방에 진짜 없어? 하늘이는? 선교사님 방은 봤어?"

"아무리 그래도 선교사님 방에 갔겠냐? 선교사님 방만 빼놓고 다 봤어. 없어."

이게 말이 되는 일인가? 숙소에는 없고, 이 늦은 시간에 언어학교 컴퓨터실에 갔다는 건데, 분명히 아까는 아무도 없었는데…. 난 다시 브래들리를 나가 컴퓨터실로 뛰어갔다. 컴퓨터실에는 없었다. 불이 꺼져 있는 학교가 갑자기 무섭게 느껴졌지만, 교실마다 돌아다니며 문을 열고 사람이 있는지 확인했다. 아무도 없었다. 숙소에도, 학교에도 없으면… 혹시 교회? 이 시간에? 이 시간에 혼자서 교회에 가서 기도를? 무서워서 기도가 안 될 텐데…. 이 시간에 교회에 혼자 가는 것은 나도 무서워서 한 번도 해본 적이 없는 일이다. 다운타운에 혼자 나갔다가 무슨 일 있는 건 아닐까? 갑자기 걱정되기 시작했다. 이것은 내 고백을 떠나서, 친구들을 다 불러서 그녀를 찾아야 하는 게 아닌가 하는 생각이 들었다.

혹시 필립 목사님 댁에 갔나? 필립 목사님 댁에 뛰어가니 이미 불이 다 꺼져 있었다. 만약 필립 목사님 댁에 갔다면 이미 자고 있겠구나…. 다시 내 방으로 돌아왔다. 이제 내가 할 수 있는 일은 한 가지였다. 복도에 발자국 소리가 들릴 때마다 문을 열고 그녀인지 확인하는 것뿐. 어차피 그녀가 그녀 방에 들어가려면 내 방을 지나가야 했기 때문이다. 난 발자국 소리가 들릴 때마다 문을 열어 봤다.

삐그덕, 삐그덕— 나는 방문을 열고 고개를 내밀었다.

"왜?"

자기 전에 커먼룸에서 물을 마시고 방으로 가던 재상이었다.

"아니야. 잘 자~"

재상이는 내 인사를 받고 방으로 들어갔다. 그렇게 여러 명이 지나갔다. 혹시 그녀가 지나가는 걸 놓친 건 아닐까… 그녀 방 쪽에 다가가 인기척을 확인했다. 그렇게 방문 앞에서 기다리다가 방 앞을 왔다갔다 하기를 몇 번이고 반복했다.

"쏴~악"

순간 여자화장실 샤워기에서 물 떨어지는 소리가 들렸다. 그녀임을 직감했다. 샤워기의 모든 물방울이 그녀의 실루엣을 그리며 튀겨져 나가는 것 같았다. 보이지는 않지만 이것이 믿음의 눈일까? 보이지 않는 것에 이렇게 확신할 수 있을까? 갑자기 온몸에 소름이 돋는 듯했다.

이젠 어떻게 그녀를 불러낼지 생각해야 했다. 여기 서 있다가, 샤워하고 나오는 그녀와 마주하는 건 그림이 이상한 듯했다. 그래서 일단 방으로 들어갔다. 그녀가 샤워를 끝내고 방에 들어가서 정리한 상태에서 불러내야겠다고 생각했다. 말로 하면 옆 방에 다 들릴 게 뻔하고, 영화 〈러브 액츄얼리〉에 나오는 것처럼 종이에 글을 써서 그녀를 부르기로 했다.

영화에서처럼 큰 스케치북은 없고, 조그마한 포스트잇에 어떤 말로 그녀를 불러낼지 이것 저것 써보았다. '잠깐만 보자', '나 오늘 너에게 할 말 있어', '잠시 시간 좀 내줄래?' 이것들은 뭔가 아니다 싶었다. 왠지 어색하고 분위기가 무거워질 것 같아서 다른 표현을 찾기로 했다. 여러 가지 써봤지만, '오늘 마지막 산책, 같이 하는 건 어때?' 바로 이거였다. 이거라면 그녀는 뭔가 알아도 모르는 척 나와 줄 수 있을 것 같았다.

다시 내 방문을 열고 나가 보니 아직도 샤워하는 소리가 들렸다. 다시 방에 들어가 한참을 기다렸다가 그녀의 문 앞에 갔을 때, 샤워기 소리는 멈췄고, 그녀 방에서 드라이기로 머리를 말리는 소리가 들렸다. 머리를 다 말릴 때까지 기다려야겠다는 생각을 했지만, 그녀가 머리를 다 말리고 침대 속으로 들어가면, 이미 긴장이 풀린 상태에서 다시 일어나는 게 짜증이 날지도 모른다는 생각이 들었다. 그래서 나는 마음을 다잡고 용감하게 그녀 방을 노크했다.

"똑똑똑."

쿵쾅쿵쾅. 노크 소리만큼이나 내 심장이 뛰었다. 드라이기 소리가 잠시 멈추고, 살며시 문이 열리고, 조금 열린 문틈 사이로 젖은 머리의 아만다가 얼굴을 내밀었다. 아름다웠다.

아만다였다! 그렇게 찾아 헤매던 아만다가 내 앞에 있었다. 그녀의 머리는 아직 젖어 있었고, 무슨 일이냐는 표정으로 잔잔한 미소를 지어 보였다. 그녀의 미소에 나의 피로는 날아가는 듯했다. 난 입모양으로 인사를 하고 준비한 포스트잇을 그녀에게 내밀었다.

'우리 마지막으로 산책할까?'

그런데 그녀의 표정이 내가 생각한 것과 달리 무겁게 변했다.

"오케이, 머리 말리고 내가 나가면서 네 방에 노크할게. 그때 나와."

그녀는 거의 입모양으로 말하듯 작은 소리로 말했다. 다행히 그녀는 오케이를 했지만, 그 표정은 내가 예상했던 표정이 아니었다. 피곤했던 걸까? 아니면 부담이 된 걸까? 뭔가 알고 있어도 그저 태연하게 나와 줄 줄 알았는데…. 방으로 돌아가 내가 생각했던 것과는 뭔가 다르게 흘러가는 듯싶어 내가 들고 간 쪽지를 다시 봤다.

'나 오늘 너에게 할 말이 있어.'

오 마이 하나님! 이건 누가 들어도 무겁고 어색한 것이었다. '뭔가 할 말이 있어?' 아, 이 바보! 순간 머리를 쥐어뜯고 싶었지만, 그럴 수 없어 침대에 드러누워 발을 내둘렀다. 가볍게 나가서 고백하려 했는데, 이미 무거워진 이 분위기를 어떻게 할 도리가 없었다. 지금부터라도 침착하게 행동해야 했다.

'할 말? 침착하자! 침착.'

여름이지만 밤낮의 일교차가 컸고, 싸늘한 저녁 공기를 대비해 점퍼를 두 개 입고 나갔다. 하나는 두터운 오리털 점퍼, 하나는 그냥 봄가을에 따뜻하게 입을 만한 얇은 점퍼였다. 그녀가 추우면 남자답게 멋지게 옷을 벗어 주고, 내가 추우면 집중이 안 될 것 같고, 그녀도 미안해할 것 같아서. 이것은 내가 이날 한 일 중에 제일 잘한 일이었다.

노크 소리가 들렸다. 준비한 것을 챙겨서 나갔다. 우리는 삐그덕 대는 복도를 조심히 내려갔다. 무거워진 분위기 속에서 복도와 계단은 엄청나게 길게 느껴졌다. 브래들리를 빠져나가는 동안 아무 말도 할 수 없었다. 그런데 저기 멀리 어둠 속에서 한 사람이 걸어오고 있었다. 이 늦은 시간에 누가 산책을 하는 거지? 아영이? 아영이! 아까 잘 것 같더니, 왜 안 자고 있지?

멀리서 아영이가 산책로 끝을 빠져나와 브래들리 쪽으로 꺾으려 했다. 난 순간 브래들리 현관 옆으로 그녀와 숨을까 하다가, 그러다 들키면 더 이상할 것 같다는 생각에 멈칫했다. 아니야. 들키면 안 돼. 나 혼자 풀숲으로 숨을까 하다가 아영이가 아만다와 마주치면 또 뭔가를 하자고 할 수도 있기에, 나도 모르게 아만다를 숲으로 밀었다.

"어, 성진아."

"어, 아영아."

"어디 가?"

"나? 그냥 산책 좀 하려고."

왜 지나가지 않지? 아영이는 내 말이 끝났는데도 그 자리에 서서 멀뚱히 나를 쳐다보았다. 나도 가만히 서 있으면 뭔가 또 말을 할 것 같아 발걸음을 먼저 옮겼다.

"저, 성진아. 산책 같이 할래?"

"산책? 너 이미 산책하고 온 거 아니야?"

"정원 한 바퀴 돌긴 했는데…."

정원을 한 바퀴 돌았다고? 그럼 내가 써놓은 글씨도 봤나?

"아니야. 나 좀 뛰려고."

말이 길어지자 아만다가 신경쓰였다. 아영은 쉽게 발걸음을 떼지 않았다.

"알겠어. 산책 잘 해~"

아영이는 뭔가 할 말이 있는 듯했지만, 발걸음을 옮겼다.

잠시 뒤 난 풀숲에서 아만다를 꺼냈다.

"아… 미안."

"날 왜 숨긴 거야?"

"미안, 나도 모르게…."

다행히도 그녀는 상황이 재밌다는 듯 그냥 웃어 넘겼다. 이제부터는 누구의 방해도 없이 자연스럽게 진행되기를….

브래들리에서 언어학교로 가는 그 길을 따라 올라가다가, 진 선생님 집이 왼쪽으로 보였다. 그곳에 나 있는 길로 가다 보면 자동센서 등이 있고, 그 빛이 비추는 곳에 나뭇잎으로 쓴 그녀의 이름이 있었다. 나는 그곳을 그녀가 혼자 걸어가다가 자동센서 등이 켜지면 그곳에 쓰여 있는 이름을 봐주길 바랬다.

"아만다, 너 저기 센서 있는 거 알지? 거기 걸어가 봐."

"싫어. 너가 걸어가."

그녀는 내가 장난치는 줄 알고 나를 떠밀었다. 이전에 내가 가서 불 켜놓고 도망가곤 했으니 말이다. 그녀가 그곳을 걸어가야, 그 길 옆에 써 있는 그녀 이름을 좋은 각도에서 볼 텐데, 그녀는 자꾸 나를 가라고 떠밀었다. 나는 적잖이 당황했지만, 가위바위보를 하자고 하며 위기를 모면했다.

불길한 예감이 들었다.

"가위 바위 보!"

그녀는 가위를, 나는 보자기를 냈고, 장난기 가득한 표정으로 그녀는 나무 풀숲에 숨어 내게 자동센서를 켜고 자신에게 도망쳐 오라고 손짓했다. 이게 아닌데, 이렇게 되면 안 되는 거였다. 내가 영어를 능통하게 구사한다면, 삼세판이라는 말을 외쳤을 텐데, 아니면 어떤 말이라도 해서 잘 구슬렸을 텐데, 난 당황했고, 말문이 막혔고, 그녀는 옆에서 보채고, 난 어쩔 수 없이 그 센서를 켰다.

그녀는 자신의 발 옆에 써 있는 글씨를 뒤늦게서야 어설프게 발견하고 말았다. 맙소사, 내가 준비했지만, 그렇게 민망할 수가 없었다. 다급히 발로 지우려 했지만, 이제와 그녀의 이름을 발로 뭉갠다는 건 더 이상한 일이었다.

"어? 여기 내 이름이 써 있네."

"어? 그냥… 그냥 한번 써봤어."

그냥 한번 써봤다는 게 말인지 뭔지, 그냥 입에서 나오는 대로 말했다. 그녀는 그 모습이 우스웠는지 미소를 지었다.

우리는 길 끝에 있는 가로등과 그 가로등을 둘러싼 채 놓여 있는 동그란 벤치에 이르렀다. 벤치 옆에 하트 모양으로 정렬시켜 놓은 촛불을 그녀 모르게 얼른 다이아몬드 모양으로 바꿨다. 하트 모양과 다이아몬드 모양은 한끝 차이였다. 그 순발력만큼은 참 괜찮았다. 우린 그곳에 앉았다. 난 그녀에게 내 점퍼를 벗어주었다. 내게는 무릎까지 오는 거였는데 그녀에게 입히니 종아리까지 내려왔다. 마치 이불처럼 보였다.

"너 춥지 않아?"

"난 괜찮아. 봐, 추울까 싶어 점퍼 두 개나 입고 왔어. 그러니까 미안해하지 않아도 돼."

이맘때 날씨가 생각보다 꽤 추웠다. 작은 점퍼로는 그 한기를 버티기가 쉽지 않았다. 하지만 그쯤은 아무런 상관이 없었다. 나는 분위기 있게 준비해 놓은 초에 불을 붙였다. 그런데 얼마 있지 않아 그 초를 다 꺼야 했다. 자꾸 나방들이 날아 들어 초에 빠지고 촛농과 함께 화석이 되는 것이 아닌가. 분위기는 개뿔…. 이래서 불나방 불나방 하는가 싶었다.

그날의 이벤트는 처음부터 끝까지 어느 것 하나 제대로 되는 게 없었다. 이벤트라는 건 영화에서나 성사되는 것인가? 이벤트 과정은 참으로 어설프고 볼품없었지만, 그녀와 단둘이 마주하고 있다는 것만으로도 좋았다. 나의 진심은 불안한 음정으로도 서슴없이 뽑아내는 진중한 찬양만큼이나 담대하고 묵직했다. 나는 그 가로등 밑에서 조심스레 준비한 편지를 꺼냈다.

"내가 영어가 잘 안 돼서 갑자기 말을 제대로 못할까 봐 몇자 적어 왔어."

"어? 어디서 좋은 향기 난다. 편지지에 향수 뿌렸어?"

물론 정원에 꽃들이 많아 향기가 많이 나긴 했지만, 편지지에 뿌렸던 오일향이 기존 냄새에 적응한 코를 새로운 향기로 자극했다.

"어…. 향수는 아니고 캔들 팩토리에서 아로마 사왔는데…."

"좋다. 무슨 향인데?"

나는 '사랑의 향기'라고 말하고 싶었지만, 왠지 오글거릴 것 같아 그냥 잘 모르는 향인데 좋아서 사왔다고 둘러댔다. 사실 내 편지가 더 오글거릴 테지만, 그런 글마저도 내 마음을 다 담아내지 못하고 있기에 오히려 내게는 담백했다. 그녀는 들을 준비가 됐다는 듯 나를 바라보았다. 나는 내 마음을 고백하기 전에 한 가지 물어볼 말이 있었다.

"아만다. 이 글을 읽기 전에 한 가지 물어보고 싶은 게 있어."

"뭔데?"

난 잠시 망설였고, 이내 입을 열었다.

"음… 너, 남자친구랑 결혼할 생각으로 만나고 있어?"

"응."

그녀의 대답은 짧고 명료했다. 물론 고백이 끝난 후 그녀에게 물어볼 수도 있었다. 그녀의 마음이 어쩌면 바뀔지도 모르니 말이다. 하지만 그러고 싶지 않았다. 그냥 나와는 상관없이 그녀와 남자친구가 얼마나 진지한 사이인지 물어보고 싶었다. 어쩌면 이 말은 애초에 그녀가 남자친구에 대해 이야기해 줄 때 물어봤어야 했다. 아마 그때 물어봤다면, 실낱 같은 희망을 꿈꾸며 이렇게까지 마음을 키우지 않았을지도, 마음을 키우면서 그렇게 힘들어하지 않았을지도 모르겠다. 그럼에도 물어보고 싶지 않았고, 몇 번의 기회가 있었지만 그냥 지나쳤다. 아니, 물어보기 싫었다.

결말이 정해져서였을까? 이상하게도 마음이 편안해졌다. 한편으로는 고마움마저 느껴졌다. 어떠한 여지도 없이 명확하게 대답해 주어서 말이다. 혹시 아만다가 나에 대한 연민이나 아니면 분위기 때문에 주저했다면, 난 또 다른 미련을 가졌을지도 모른다.

"그렇구나. 음… 나 너한테 고백하려고 그래. 이젠 너가 남자친구와 결혼할 거라는 것을 잘 알았고, 앞으로는 너와 네 남자친구가 잘 살길 기도할 거야. 설령 네 마음이 내게 조금 더 열린다 해도, 넌 프랑스로 갈 거고, 눈에서 멀어지듯 모든 감정은 점점 희미해져 버리겠지만, 그래도 오늘은 내 마음을 말해야겠어. 그냥 들어줘."

이 고백은 부질없는 것이었다. 하지만 해야겠다. 오기 때문일까? 아니다. 어떠한 희망 때문도 아니다. 그저 망설였던 만큼, 힘들었던 만큼, 바보 같았던 만큼 해야겠다.

종종 나는 그녀와 한국으로 가는 상상을 했다. 인사동 길을 걸으며 한국의 문화를 설명해 주는 모습, 한국 음식을 먹으며 함께 웃는 모습, 한국말이 서툰 그녀를 위해 자상하게 하나하나 통역하고 설명하는 모습…. 국경을 뛰어넘은 로맨스.

하지만 현실은 국경을 넘어야 하는 만큼 버거울지도 모르겠다. 언어의 벽, 문화의 벽…. 때로 여자는 남자보다 더 현실적이다. 한순간의 감정만으로는 계속 찾아드는 현실 문제를 뛰어넘기 힘들고, 누군가를 향해 가졌던 환상은 아무것도 아닌 것처럼 사라져 버리기 때문이다. 여자는 남자의 그런 무모한 상상력을 직시할 수 있는 것일까? 이건 남자와 여자의 차이가 아니라, 개인의 차이일지도 모른다. 지금 그녀는 이러한 현실의 벽 앞에 서 있지 않고, 나 혼자 상상이든 현실이든 그 앞에 서 있는 것이리라.

그녀는 한 번이라도 나와 함께하는 상상을 했을까? 그런데 현실 문제에 막혔을까? 아니면 애초에 그런 생각따윈 하지도 않았을까? 어차피 결론은 정해져 있다. 반전이라는 것이 현실 속에 있을까? 아니, 기대하지 않았다. 그저 지금 그녀가 내 앞에 있고, 난 이 순간만큼은 진심을 고스란히 담은 '나'이고 싶었다. 그뿐이었다.

단지 오늘만은 내 마음이 자유롭길. 단지 오늘만은 내 머리가 아닌 마음이 말하길. 단지 오늘만은 잠시라도 너를 내 마음속에 담을 수 있길….

어떻게 남자친구가 있는 여자를 좋아할 수 있어? 많은 이유를 댄다 해도 모두 핑계일 뿐이지. 무엇이 옳은 줄 알면서도 멈출 수 없었던 내 마음을 나 또한 많이 탓했어. 내 마음을 정죄하고, 나무라고, 숨기며, 마음의 고통을 무시한 채 그저 괜찮은 듯 옳은 길로 가려고 노력했어. 누가 뭐라고 하지 않았어도, 내 안에서 쏟아지는 수많은 비난에 많이 힘들었고, 스스로 연민에도 빠져 세상에서 제일 불쌍한 사람처럼 잠시 바틀거리기도 했어. 하지만 너에게 달려들어 마음을 구걸하지 않을 것이기에 오늘만은 내 마음이 자유롭길….

남자친구가 있는 여자를 좋아하게 될 거라 한 번도 생각해 본 적 없던 것처럼, 이렇게 사랑스러운 사람을 만날 거라 생각하지 못했어. 낯선 듯 브래들리 벽에 기대어 안내해 줄 사람을 기다리고 있던 너의 첫 모습을 기억해. '여자다' 라고 소리쳤지만, 사실 관심이 없었는데, 이렇게 너를 좋아하게 될 줄이야. 어쩌면 처음 봤을 때부터 너를 좋아했는지도 모른다는 생각이 들어.

내게는 익숙해져 있던 브래들리라는 공간이 너로 인해 낯설게 느껴졌듯, 나에게 찾아 온 너 때문에 이제껏 살아온 내가 낯설다.

난 결코 다른 나라에서, 다른 문화에서 자란 여자를 좋아하게 될 거라 생각해 본 적도 없어. 그저 평범한 남자일 뿐이어서, 괜찮은 여자가 지나가면 관심이 생기고, 괜찮은 여자와 함께 이야기하면 어떨까 상상해. 하지만 겁쟁이라서 그런 설렘과 상상은 생각 차이, 성격 차이, 자라온 환경 차이로 이내 사라지고 현실을 극복하지 못할 많은 이유들만 남게 되지.

그런데 왜 너는 그토록 오랫동안 마음에 머무는지, 왜 너로부터 흐르는 냇물은 마르지 않고 바다가 되어 마음에 고이는지… 그리고 날 이토록 담대하게 만드는지…. 이것이 사랑이라는 건지, 그저 순간의 감정인지 잘 모르지만, 한 가지 분명한 건 넌 내게 특별한 사람이라는 거야. 난 널 가질 수 없을지 모르지만, 난 널 쉽게 잊지 못할 거야. 삶은 우리가 늘 살아왔던 것처럼 그저 묵묵히 흘러가겠지. 이 뜨거운 여름이 지나면 우린 그냥 일상의 삶을 살게 될지도 모르겠어…. 아마도 그러겠지.

너가 잠시 런던으로 여행 갔을 때, 너 없는 날을 상상해 봤어. 많이 그립더라…. 너의 프랑스식 발음, 너의 얼굴 표정, 너의 제스처, 너의 미소, 너와 이야기했던 시간, 너와 함께했던 공간, 너와 걸었던 길, 너와 조용히 걷던 밤, 자동 센서를 켜고 도망쳐서 숨던 모습, 늘 내 머릿속을 가득 메우던 너가 그리울 거야….

널 만난 뒤 내가 가장 많이 했던 말이 뭔지 알아? '난 아무것도 아니다 I'm nothing.' 내가 너와 함께하는 꿈을 꿀 때, '난 아무것도 아니다'.
너에 대한 마음이 점점 커갈 때, '난 아무것도 아니다'. 내가 네게 특별한
존재가 되기를 바랄 때, '난 아무것도 아니다'. 난 그렇게 정신을 차리도
록 말했어. 하물며 떠날 네 앞에서도 난 아무것도 아냐.

아무것도 아닌 걸 알면서, 아무것도 안 될 걸 알면서 난 뭘 말하고 싶
은 걸까? 날 사랑해 달라는 말도, 날 기억해 달라는 말도, 그 남자와 헤어
지란 말도 아니야…. 니가 기억해 주길 바라는 것이 있다면, 내가 아니라,
내가 본 너의 모습이었으면 한다는 생각이 들어. 함께했던 순간들을 통해
내가 깨닫게 된 건 너는 참 아름다운 사람이라는 거야.

혹시 현실의 벽 앞에 그저 평범한 한 사람으로 서게 될 때, 그저 평범한
한 여자일 때, 그저 살기 위해 발버둥치는 한 직장인일 때, 삶에 대한 기대
와 환상이 다 벗겨지고 적나라한 현실 속에서 자신이 볼품없이 느껴질 때
기억해. 나는 한 사람을 사로잡을 만큼 아름답다는 것, 너의 마음이, 너의
신앙이, 너의 배려가, 너의 모습이. 나는 그렇게 아름다운 여자야….

난 그렇게 편지를 읽으면서, 마지막 부분에 그녀를 언제까지
나 기다리겠다는 내용을 빼고, 그 순간 느껴지는 마음으로 고쳐
말했다. 눈물이 날 듯했다. 눈물을 떨구진 않았지만, 소나기가 내
마음을 쓸어내리는 듯했다.

나는 그저 감정에 충실하고 싶었던 것 같다. 그래서 아무 생각
을 할 수 없었다고, 한순간 미쳤었다고, 실수했다고, 누구나 공감

할 수 있는 일 아니냐고, 뻔뻔하게 말하며, 미래가 아닌 현재에 머물고 싶었던 것 같다. 하지만 그렇게 미치기엔 내 이성은 너무 멀쩡했다.

아니, 그냥 멀쩡한 게 아니라, 어느 순간 멀리 떨어져 있던 내 마음과 이성이 서로 만나 함께 새로운 말을 하고 있는 듯했다. 우리는 한참을 여운 속에 가만히 있었다.

"한번은 너를 만나지 않았다면 좋았을 거라고 생각했는데… 이제는 참 잘됐다는 생각이 들어. 좋은 사람을 만난 거니까. 우린 좋은 친구지? 특별한 친구."

내가 애써 웃으며 말했다.

"특별한 친구…. 그거 좋다."

난 그렇게 편지를 주머니에 넣었다.

"성진아, 그 편지 나한테 주면 안 돼?"

"편지?"

그 편지에는 1년이고 2년이고 기다릴 테니, 나로 인해서가 아니라, 다른 문제로 남자친구와 헤어지게 된다면 나를 꼭 찾아와 달라는 말들이 써 있었다. 이젠 그녀에게 그 말을 하고 싶지 않았지만, 다시금 마음 한구석에서 그녀가 나중에라도 내게 찾아왔으면 하는 바람이 올라왔다. 나는 그 편지를 추억이 담겨 있는 여러 가지 물건이 들어 있는 서류봉투에 넣어 주었다.

"고마워. 사실 다 알아듣지 못한 것 같아서, 다시 읽어 보고 싶어서."

"응. 거기에 내가 말하지 않은 부분도 있는데 걸러서 읽어. 그냥 써놓은 거니까."

그녀는 봉투를 받더니 향기를 맡고, 맑은 미소로 나를 바라보았다. 그녀는 아름다웠다. 우리는 고개를 들어 밤하늘을 보았다. 맑고 별들로 가득했다. 땅에서부터 하늘로 주황빛 오로라가 연기처럼 올라가는 듯했다. 나는 그것이 영국에 늘 있는 일인지, 아니면 그날만 특별히 있는 일인지 알지 못했다. 하지만 내가 영국에 있는 동안 처음이자 마지막으로 본 광경이었다.

"아만다. 저기 오로라 같은 거 보이지?"

"응. 저게, 오로라야?"

"잘은 모르겠는데, 정말 예쁘다."

그 순간, 정말이지 영화처럼 하늘에서 별똥별이 떨어졌다. 그 장면이 너무 아름다워 눈을 의심했다.

"아만다, 방금 별똥별 떨어지는 거 봤어?"

"어. 너도?"

"정말 신기하다."

내 모든 이벤트는 어설펐다. 하지만 하나님께서 주신 풍경은 너무도 아름다웠다.

"하나님께서 만드신 세계는 정말 아름답다."

그녀는 내 말에 고개를 끄덕였다. 우리는 그렇게 아름다운 밤

하늘에 취해서, 아쉬운 밤을 부여잡고, 이런 저런 추억을 꺼내어 이야기 나눴다. 시간은 새벽 3시를 넘어 4시로 흐르고 있었다. 밤 공기가 차가워 몸이 얼었고, 그동안 잘 버텨 주던 내 몸에 통증이 오고 있었다. 수련회 마지막 밤처럼 밤새 이야기할 수도 있었지만, 그녀도 이제는 자야 할 것 같아 아쉬운 마음 뒤로하고 자리에서 일어섰다.

"아만다, 우리 이제 갈까? 너무 늦었지?"
"그래. 저기 초들은 내가 내일 치울게. 그냥 놔두고 가자."
그녀는 노란 봉투만 손에 들고 자리에서 일어섰다.
"뭐 빠뜨린 건 없지?"
일어나 주변을 살피고 고개를 든 순간, 우린 30센티미터도 안 되는 거리에서 서로 마주보고 있었다. 눈을 마주쳤고, 순간 온 우주가 멈춰 버린 듯했다. 그녀의 눈동자는 우주만큼이나 검고 깊었다. 그 속엔 사연 많은 별자리만큼이나 많은 추억이 반짝이고 있었다. 그 추억이 유성처럼 내 옆을 스쳐 지나가고, 그녀의 눈동자는 블랙홀이 되어 모든 빛과 함께 나를 빨아들였다.
그녀의 작은 숨소리조차 내 귓가에 명확하게 들렸고, 내 심장 소리도 내 귀 옆에서 쿵쾅거리며 요동치고 있었다. 난 당장이라도 그녀에게 손을 뻗어 그녀를 끌어안을 수 있을 것 같았다. 난 한 번도 그렇게 대담하게 행동해 본 적이 없었고, 이성 친구에게도 그런 자신감을 가져 본 적이 없었다. 하지만 왠지 그렇게 할 수 있을 것 같았다. 그렇게 하고 싶었고, 그렇게 될 것 같았고, 그렇게 해도 오늘 밤만은 모든 게 용서될 것 같았다.

지금 이 순간만은 그녀가 내 품에 안겨 줄 것 같았다. 이 순간만은….

그 순간 내 안의 또 다른 내가 내게 말했다.

'이 순간만큼은 그녀 마음이 흔들릴지 몰라. 너, 깨끗이 그녀를 포기하고, 친구로 지낸다고 약속했잖아. 그런데 그녀가 자기 남자친구를 볼 때마다 잠시 마음이 흔들렸던 것에 죄책감을 느낀다면, 진짜 너와 그녀가 앞으로 친구로 지낼 수 있을까? 너가 그 남자친구를 만났을 때 떳떳하지 못하게 될 텐데 말이야. 진짜 친구가 되고 싶다면, 오늘 이벤트처럼 친구가 되는 것에서마저도 어설프지 말고 이젠 온전해지자. 특별해지자. 특별한 친구가 되자.'

그 3초도 안 되는 짧은 시간에 어떻게 질문하고 답했는지 모르겠다.

'그래, 이만하면 됐어. 충분히 했다…. 충분했어….'

난 그녀에게서 몸을 돌렸다. 아쉬움이 어린아이 손으로 내 옷자락을 잡아당기는 듯했지만, 애써 매정해졌다.

'그동안 많이 아프고, 그만큼 땡깡도 많이 부렸다. 이만하면 됐다. 정말.'

그리고 한 걸음을 앞으로 내딛었다. 그 한 걸음을 내딛는 순간, 그동안 그녀를 향해 작용하던 내 마음의 중력이 벗겨지는 듯했다. 무슨 일을 하든 늘 그녀로 향하던 나의 관심이… 그녀와 함께하는 시간을 꿈꾸며 그렸던 많은 상상이… 난트위치 곳곳에서 홀로 기다리던 애틋함이… 바보처럼 방황했던 신학생으로서의 시간들이… 나로부터 벗겨져 나가는 듯했다.

오랫동안 짊어지고 있던 무거운 것을 벗겨낸 듯 내 몸은 가볍고 자유로웠다.

8. 13. 토요일

오늘은 그녀가 떠나는 날이다. 고백 이후 내 마음이 한결 편안
해진 것은 사실이지만, 나의 결심과 의지와 노력이 무색하게도
마음은 또다시 싱숭생숭해졌다가, 평안해졌다를 반복했다. 이로
써 아무리 노력해도, 때로는 시간이 필요한 것들이 있음을 깨달
았다. 약을 바르면 아무는 시간이 단축될 순 있어도, 바르는 즉시
낫지 않듯 마음 또한 그러했다.

그녀는 오늘 기차를 타고 런던에 있는 워털루Waterloo 역에 가서
유로스타를 타고 프랑스로 갈 예정이었다. 마침 한국 신학생들도
런던 근처의 뉴몰든에서 열리는 집회에 참석하기로 해서 워털루
역까지 함께 가기로 했다.

아만다와 나는, 정확히 말하면 아만다와 열방신학교 학생들은
런던으로 가는 기차에 함께 몸을 실었다. 그녀에게 다가가, 런던
까지라도 같이 가며 이야기 나누고 싶었지만, 그냥 그녀의 뒷모
습과 창밖으로 지나가는 풍경만 바라보았다.

워털루 역에 도착했다. 이제 정말로 그녀와 헤어져야 하는 시
간이었다. 마지막 인사만을 남겨 두고 있었다.

"아만다. 잘 가."

준수가 인사를 하더니 그녀를 살짝 안았다. 프랑스인인 그녀에게는 친한 친구에게 볼키스까지도 인사처럼 하는 것이 자연스러운 일이지만, 내가 자라온 환경에서는 상상할 수 없는 일이었다. 준수는 살며시 나를 보더니 의미심장한 미소를 지었다. 이건 날 위한 선물이었다. 유럽의 인사 방식이라는 분위기를 만들어 놨으니 이젠 인사로라도 그녀를 한번 안아 볼 수 있을 거란 생각이 들었다. 어차피 여러 사람들이 보고 있고, 인사니까. 이런 것으로 마음에 거리낌이 남지는 않을 것이었다.

'이왕 안는 김에 사심을 담아서 와락 안아 버릴까?'

'잘 나가다가 왜 그래? 참아~ 적당히 해라.'

'한 3초 정도 안고 있으면 길까? 그래도 마지막인데.'

난 이래저래 상상하며 내적 갈등을 겪고 있었다.

그런데 갑자기 도경이 녀석이 악수를 하는 것이 아닌가. 그다음부터 줄줄이 전부 악수하며 인사를 나누었고, 결국 내 차례가 되었다. 모두들 내가 어떻게 인사할지 궁금한 듯 지켜보는 것 같았다.

'어디서부터 잘못된 거지? 도경이 저 녀석, 저 따위로 인사할 거면 내 뒤에 설 것이지. 가만, 내가 이러고 있을 때가 아니지.'

난 어느새 손을 내밀고 있었다. 난 그녀의 손을 잡고 박력 있게 잡아당길까도 생각해 봤지만… 그냥 그녀의 손을 한참 잡고 있었다. 나도 모르게 나온 표정과 상황을 너무 잘 알고 있는 친구들과 선교사님은 웃음을 참지 못하고 터뜨렸다. 그녀는 사람들이 무슨 영문으로 웃는지 의아해했고, 나도 이 상황이 참 웃긴 걸 알지만, 유일하게 웃을 수 없는 한 사람이었다.

10. 15.

그녀가 떠난 후 한 달도 안 돼서 나도 정든 난트위치를 떠났다. 그곳을 떠나 잉글랜드 남서쪽에 위치한 브리스톨Bristol로 이사했다. 그곳에 있는 대학에 진학할 예정이었다. 이 도시는 참 매력적이었다. 수많은 기도 응답을 받았다던 조지 뮬러의 사무실과 그가 세운 고아원이 있었고, 시내 중앙에는 감리교 창시자인 존 웨슬리가 처음 사역했던 교회가 있었다. 브리스톨은 항구 도시여서 물길이 도시 중앙까지 이어져 있고, 그 수로를 따라 서 있는 배들은 그곳의 고풍스러운 유럽 양식의 건물과 조화를 이루어 한 폭의 그림을 만들어 냈다.

난 열방신학교 식구들과 함께 시내에서 도보로 40분가량 떨어져 있는 블랜햄 가Blenheim street에 위치한 저택에서 함께 생활했다. 블랜햄 숙소에서 트리니티Trinity 대학교 쪽으로 가다 보면 넓은 잔디밭이 나온다. 잔디밭보다 초원이라고 하는 게 더 어울릴 만큼 넓은 곳이었다. 수요일만 되면 정식 축구 코트가 20개 넘게 만들어질 만큼 넓었다. 여기 사람들은 이곳을 다운스Downs라고 불렀다. 그곳에서 하늘을 바라보면, 수평선까지 이어지는 반구

130

모양의 넓은 하늘을 볼 수 있었다. 한국에서 보는, 빌딩과 산에 가려진 하늘과는 사뭇 다른 느낌이었다. 그렇게 바람, 하늘, 잔디가 어우러진 이곳이 난 참 좋았다. 뛰기도 하고, 축구도 하고, 그저 잔디에 앉아서 쉬기도 하면서 시간을 보냈다.

새로운 곳에서 적응하며 지내던 어느 날, 그녀를 잊어야겠다고 생각했다. 정확히 말하면, 그녀를 잊어야 한다는 생각은 그녀가 떠난 날부터 들었다. 그런데 그녀가 남자친구와 함께 잘 지내기를 기도한다는 내 말을 지키기 위해서는, 그녀에 대한 나의 미련을 온전히 버려야 한다는 생각이 든 것이다. 그래야 나중에 그녀가 남자친구와 헤어져 다시 만날 기회가 찾아온다 해도 떳떳할 수 있을 것 같았고, 그래야 나도 내 일을 하면서 그녀에게 좀더 발전적인 모습을 보여 줄 수 있을 것 같았다. 감정이 싹 다 사라져, 나중에 그녀가 날 찾아왔을 때, 다시 그녀를 좋아하는 것부터 시작해야 할지라도 말이다.

얼마 후, 다운스에 이동식 놀이동산이 세워졌다. 다운스 한 부분에는 바리케이트가 세워졌고, 그 안으로 수많은 트럭이 들어왔다. 트럭은 마치 트랜스포머라도 되는 듯, 청룡열차부터 회전목마까지 다양하게 변신했다. 이동식 놀이기구라서 작은 유원지에서 볼 수 있는 바이킹 정도로 생각했는데, 그보다 훨씬 그럴싸했다.

늘 여유로웠던 다운스에 브리스톨 인구의 반이 모여든 것처럼 가득했다. 무엇보다 마음을 들뜨게 한 건 솜사탕의 달콤한 냄새와 회전목마에서 나오는 음악소리, 그리고 오색 빛깔 조명이었다. 공부라는 다소 딱딱하게 느껴지는 지식과 사고로 지쳐 있던 내 머리에 상상이라는 자유가 주어진 것 같았다.

"우욱~ 팍! 파르르르~"

폭죽이 하늘로 쏟아올려졌고, 검은 바탕의 하늘에 아름다운 오색빛으로 화려한 그림이 수놓아졌다. 어떤 폭죽은 민들레씨 모양, 어떤 폭죽은 하늘에서부터 꽃가루가 날리듯 떨어지면서 반짝였다. 어른 아이들 할 것 없이, 어둠 속에서 가려졌던 그들의 얼굴에 환한 미소와 환희가 번졌다.

그 순간 문득 잊고 있던 어린 시절이 떠올랐다. 처음으로 불꽃을 보았던 성남의 한 언덕길에서 일곱 살 무렵 내 모습이.

어머니가 서른이 막 넘었을 때, 수도권으로 상경한 후 몇 년 되지 않았을 때였다. 지독했던 가난과 모진 시어머니를 피해 무일푼으로 상경한 수도권 도시는 회색빛이었다. 가진 것도, 학력도, 돈도 없던 당시, 삶에 치여 시작하게 된 것이 야채 노점상이었다. 경매 시스템도 제대로 자리잡기 전 무법천지였던 시절, 가진 것 없이 벌어먹기란, 자리를 차지하게 위해 드세지는 것이었고, 무조건 물건이 팔릴 때까지 앉아 있는 것밖에 없었다. 하루 이틀만 지나도 반값이 되어 버리는 야채를 다룬 탓에, 재고가 남으면 팔

때까지 집에 들어갈 수 없었고, 난 부모님 없이 많은 시간을 홀로 보내야 했다.

그때 책과 친했다면, 악기를 배웠다면, 지금 어떤 내가 되었을지 모르겠다. 허나 무엇 하나 배우지 못했던 나는 외로움을 직시하는 시간이 많았고, 그 외로움을 피해 친구들을 찾아다녔다. 삶에 대해 아무런 이해가 없던 그 시절, 당장 내가 느끼고 볼 수 있는 것이 전부였던 그때, 부모님은 왜 집에 올 수 없는지 알지도 못한 채, 미래를 바꾸기 위해 뭔가를 하지 못하고, 그저 그 지루한 시간이 어떻게 하면 빨리 흘러갈지 고민했다.

그때 언덕 위에서 처음 보았던 불꽃은 아름다웠고, 멋졌다. 저 환한 불빛처럼 내 인생도 환해지길 막연히 꿈꿨다.

난 어른이 되었다. 이해되지 않는 세상 속에 홀로 덩그러니 남아 있는 어린아이가 아니었다. 삶을 계획하고 노력하고, 그 대가를 받고, 누릴 줄 알게 되었다. 나를 필요로 하는 곳에 가서 도움이 되고, 인정받고, 그 무리 속에서 함께 즐거워했다. 예상보다 건강하게 자란 청년이 되었다.

영국의 아름다운 도시 브리스톨에서 밤하늘의 아름다운 불꽃을 보며 서 있는 내 옆에, 작고 철없던 어린 시절의 나와 그때부터 늘 동행해 주시던 하나님이 함께함을 느낄 수 있었다. 그리고 그분께서 '넌 언제나 혼자가 아니었다'고 말해 주시는 것 같았다.

외로움은 무기력하고 무지하고 누군가에게 의존해야 했던 아이만 느끼는 것은 아니었다. 성취감으로, 인기로, 즐거움으로 삶을 메꿀 수 있는 청년도 그 틈 사이에서 원초적인 외로움을 느낀다. 어쩌면, '사랑'이라는 이름으로 채우려 했던 마음의 공간은 오직 하나님만이 채울 수 있는 공간인지도 모르겠다.

　언젠가 텔레비전에서 파스를 만병통치약으로 생각하는 사람이 출연했다. 머리가 아프면 이마에 파스를 붙이고, 소화불량이 생기면 배에 파스를 붙였다. 플라시보 효과는 그로 하여금 모든 증상에 파스를 사용하게 만들었다. 어쩌면 그처럼 나도 설레임과 열정을 느끼게 해주는 사랑을 모든 외로움에 오용하고 있던 건 아닐까? 물론 아닐 수도 있다. 정말 사랑이 필요했을 수도 있다. 하지만 난 오늘, 나의 외로움을 채우는 진정한 친구를 만났다.

2007. 12. 15.

어느 날 뜻하지 않은 소포를 받았다. 국제 소포였다. '프랑스'에서.

프랑스? 내 눈이 휘둥그레졌다. 아만다로부터 온 소포였다. 난 소포를 열어 보기도 전에 그녀에게서 소포가 왔다는 것만으로 흥분되었다. 조심히 소포를 열어 봤다. 그 안에는 갈색 반팔 셔츠가 있었다. 툭 하고 바닥으로 한 장의 카드와 편지봉투가 떨어졌다. 서둘러 카드를 펴보았다.

"성진아, 나 아만다야. 잘 지내지? 놀랐지? 너 예전에 우리 꿈에 대해 얘기했던 거 기억나? 앞으로 뭐 하고 싶은지."

'물론이지.'

"그때 우리 처음으로 만든 거 서로 선물하기로 했잖아. 이 옷이 나의 첫 작품이야. 물론 옷을 만든 건 아니야. 옷에 그려진 로고랑 글씨 모양을 회사에서 공동 디자인한 거지만, 어쨌든 내가 처음으로 참여해서 만든 거야. 나 약속 지켰다. 너도 한 약속 잊지 않고 있지? 너의 친구 아만다."

웃음이 나왔다. 지난 시간들이 떠올랐다. 감정에 치우쳐 휩쓸

리긴 했지만, 헛되이 그 시간을 보낸 건 아니구나 싶었다. 그때는 '친구'라는 말이 선을 긋는 것 같아 묘하게 들렸는데, 이젠 뿌듯하게 느껴지는 것이 진짜 친구가 맞구나 하는 생각이 들었다.

그녀의 선물은 대단한 예술작품이나 획기적인 발명품이 아니었다. 디자인 일을 하는 사람이라면 누구나 일하면서 수십 개는 만들고 제출해야 하는 결과물 중 하나일 것이다. 하지만, 단연코 루브르 박물관에서 본 어떠한 작품보다 나에게 감동과 깊이로 다가오는 까닭은, 그 옷에는 아무것도 없던 시절 미래를 향한 우리의 꿈과 진실하게 서로를 응원하고 격려해 준 순수한 마음이 담겨 있기 때문이었다.

그리고 편지 봉투…. 봉투를 열어 보니, 내가 그녀에게 주었던, 마지막 날 내 고백을 담은 편지가 있었다. 그리고 그녀의 손편지도 들어 있었다.

"자, 이 편지 너에게 돌려줄게. 의미가 없어지면, 추억으로 간직할 수 있도록 돌려달라고 했잖아. 나에게 의미가 없어진 것은 아니지만, 너에게 더 의미가 있을 것 같다는 생각에서야. 나 이제 결혼해. 축하해 줄 거지? 너는 정말 특별한 친구야. 난트위치에 있었던 시간은 내게도 특별한 시간이었고, 특별한 공간이었고, 그리고 넌 특별한 친구였어. 물론 너의 마음을 알았고, 때론 너와 거리를 두는 것이 좋은 건지 생각했지만, 그냥 내 입장에서 잘한 것 같아. 다시 돌아봐도 즐겁고 행복한 추억이 가득했던 것 같아.

고마워. 언제나 너를 위해 기도할게. 너의 친구 아만다. 프랑스로
부터."

흐뭇한 미소가 나왔다. 아쉬움보다 기쁜 마음이 더 큰 걸 보니,
이젠 내 마음이 완전히 괜찮아진 듯했다. 가끔은 그 마지막 날 고
백하던 때를 생각하면서 어차피 지나가 버리는 시간인데 그녀를
한번 안아 보면 어땠을까 싶었다. 하지만 그날 마음이 흔들리기
전에 한걸음 먼저 움직였던 것을 참 잘했다는 생각이 들었다. 시
간는 그냥 지나가는 것이 아니라 흔적을 남기기 때문이다. 어떤
시간은 과거로부터 이어져 아름다운 열매를 맺는다.

사람들은 종종 다른 경험을 해보지 못한 것을 뒤늦게 아쉬워한
다. 그래서인지 어른들은 이성 친구도 많이 사귀어 보라고 한다.
한편으론 일리 있는 말이다. 한 번뿐인 인생이고, 젊음의 시절은
돌아오지 않으니 말이다. 하지만 먼 훗날 내가 무엇 때문에 더 아
쉬워하게 될까…. 경험해 보지 못한 것에 대한 미련, 아니면 온전
히 열매 맺지 못한 데 대한 허무함. 아마도 이 둘 모두로부터 자
유로울 순 없을 것이기에, 기도한다. 내 삶에 온전한 열매가 있기
를, 그리고 적어도 내가 사랑하고 날 사랑해 주는 사람과 그 달콤
함을 함께 누릴 수 있기를.

. . .

  천희는 성진이 준 글의 마지막 장을 덮었다. 많은 생각들이 오 갔다. 천희는 기태도, 찬미도 친한 친구이기 때문에 마음을 표현 한다는 것 자체가 어려운 일이었다. 어쩌면 마음이라도 표현할 수 있었던 성진의 상황이 조금은 부러워지기도 했다. 진정한 친 구를 만들었다는 것이 멋지게 느껴지기도 했다. 천희는 성진을 빨리 만나고 싶었다.

  잠실의 한 카페에서 성진과 천희는 마주앉았다. 천희는 가방에 가져 온 봉투를 성진에게 돌려주었다.

  "전도사님, 정말 잘 읽었습니다. 감사해요."

  성진은 미소로 답했다.

  "근데, 전도사님. 이거 진짜 전도사님 이야기에요?"

  "아니, 이거 내 친구 거 빌려 온 건데."

  "에? 전도사님 거 아니었어요?"

  "농담이다. 왜 오글거리는 일기 같은 글을 빌려오냐? 하하."

  천희는 미소 지었다.

  "신기해요."

  "뭐가?"

"전도사님한테도 그런 경험이 있다는 게."

"뭐가, 그런 게 있다는 거야."

"사랑의 감정?"

"나도 사람이야. 내가 로보트냐?"

"아니, 그렇다기보다는 그냥, 그런 거 있잖아요. 교회에서 볼 때는 하나 흐트러짐 없이 뭔가 가까이 갈 수 없는 그런 포스…. 뭐라고 해야 하지…."

"당연히 교회에서 전도사는 준비된 모습으로 있는 거지. 지금도 여전히 연약한 건 마찬가지야."

천희는 그 말에 위로가 됐다.

"전도사님은 이런 감정은 못 느껴 봤을 것 같았거든요. 좀 냉철하게 말씀하시는 부분이 있잖아요. 그리고 이런 감정이 찾아와도 단번에 물리치실 줄 알았는데…."

천희는 실망스러운 척 표정 연기를 했다.

"알았는데, 뭐? 실망했냐?"

성진은 피식 하고 웃으며 말했다.

"아니요. 그냥 인간스러웠어요."

"애가 자꾸, 인간한테 인간스럽다니. 그래도 표정 보니까 한결 가벼워졌네. 다행이다."

천희는 찬미에 대한 방향 잃은 마음이 한순간에 사라지길 바랐다. 그 모든 감정이 그저 사사로운 듯 느껴지고, 옳다고 생각하는 것에 아무 저항 없이 달려가길 원했다. 하지만 아무리 기도하고 스스로를 다그쳐 봐도 그렇게 되지 않았다.

"전도사님…. 근데, 전 어떻게 하죠?"

"그건, 너가 결정해야지."

"하지만, 전도사님이니까 알려 주셔야죠."

"뭘, 알려 줘? 몰라서 결정을 못 하겠다? 그럼 넌 어떻게 하고 싶은데?"

"저야, 한번 고백이라도 하고 싶죠. 어차피 뭐 결혼한 것도 아니고, 선의의 경쟁이라고 할까."

"그럼 하면 되겠네."

"하지만, 그러면 안 되는 거잖아요."

"왜?"

"그럼 전도사님은 친구의 여자를… 아니, 꼭 친구가 아니더라도, 짝이 있는 사람을 뺏는 것이 옳다고 생각하세요?"

"아니."

"아니라고 하시면서, 왜 저한테는 하라고 하세요?"

"너가 하고 싶다고 해서 그랬지."

"하고 싶다고 다 하라고 하면 어떻게 해요."

"그럼 하지 마."

"하지만, 그게 생각처럼 잘 안 돼요."

"그렇다니까. 그게 생각처럼 안 돼."

"왜, 이런 마음이 생겼을까요? 왜 쉽게 없어지지 않을까요? 전
도사님… 저는 참 믿음이 약한가 봐요. 요즘 하나님과 멀어진 것
같아요."

"무슨 근거로?"

"제 마음에 선한 것이 없어요. 예전엔 봉사도 하고 싶고, 잘 살
고 싶고 했거든요."

"물론 신앙에 있어서, 네 마음에 선한 의지를 가지고 있는 것도
중요하지. 우리 입장에서는, 하나님 앞에서 최선을 다해 노력하
고 스스로 돌아보고 하는 일들이 필요하겠지. 하지만 우리의 노
력과 어떠함으로 하나님과의 관계가 판가름난다고 생각하면 안
돼. 하나님께서 우리를 먼저 사랑하셨고, 그 관계를 계속 이어가
길 원하시기 때문이야. 때론 너의 마음이 어떤지, 너가 잘하고 있
는지와 상관없이 하나님은 네 곁에 가까이 계시다. 너가 날 좋게
생각하든 나쁘게 생각하든 내가 지금 너의 곁에 있는 것처럼."

"그럼, 아무렇게 생각해도 돼요? 아무렇게나 살아도 되고요?"

"안 되지. 하지만 막 산다고 해서 하나님께서 쉽게 포기하실 것
같지 않아."

"그런 식으로 얘기하면, 누가 잘 살려고 하겠어요? 다 자기가
하고 싶은 대로 하지."

"나무의 신선한 열매를 맛보면, 땅에 떨어져 썩은 열매는 안 먹
을 거야. 올라가서라도 따 먹는다."

"네?"

"온전히 살려고 해봐. 마음대로 살 때보다 더 풍성하고 달콤한 열매를 맛볼 거야. 그 맛을 보면, 수고도 기쁨으로 감내하게 될 걸."

"그런데, 온전하다는 게 뭐예요?"

"아, 그건 '원래의 것이 그대로 잘 남아 있다', '잘못된 것 없이 바르다'라는 뜻인데, 처음에 하고자 했던 올바른 의도를 잘 지켜 내는 거라 생각하면 돼. 쉽게 말하면, 친구를 친구 되게, 배려를 배려 되게, 사랑을 사랑 되게 그 순수한 동기와 마음을 지켜내는 거지."

"네…."

"대답이 시원치 않다."

"아… 잘 모르겠어요."

"그럼 해봐."

"뭘요?"

"고백."

"진담이세요?"

"응. 어떨 때는 잘못된 길이라 해도 부딪혀 봐야 할 때가 있어. 의로운 것보다 자유를 선택하고, 그 자유 안에서 자신을 확인하고, 그럼에도 여전히 함께하시는 하나님을 느끼고 그 사랑 안에서 다시 한 번 내 정체성을 찾게 되지. 물론 그 자유에 대한 대가는 치르겠지만 말야."

"음… 대가라고 하니까 좀 무서운데요. 전도사님이 제 입장이라면 어떻게 하시겠어요?"

"음… 난 고백 안 하지."

"왜요?"

"기태가 좋으니까."

천희는 표정이 굳어졌다.

"저도, 기태가 좋은데요."

"그럼 기태냐? 찬미냐? 이런 문제로 가는 건가?"

"전도사님, 지금 더 심난하게 만들고 있어요."

"아니야. 난 더 명확하게 만들고 있어. 흐흐."

천희는 기태와 친했다. 정확히 말하면, 친해졌다. 천희는 어릴 적부터 기태와 같은 교회를 다녔지만, 자신과 전혀 다른 환경에서 자란 기태가 질투가 나기도 했고, 싫었다. 하지만, 요 몇 년 사이에 친해지면서 얘기도 많이 나누고 도움도 많이 받아 베프가됐다.

"기태 참 좋죠. 걔, 사기 캐릭터예요. 공부도 잘하지, 성격도 좋지, 집안도 좋지, 생긴 것도 그 정도면 준수하지. 그렇게 보면 좀 열받긴 해도, 미워할 수 없을 정도로 좋죠."

"잘 아네."

"그럼요. 절친인데."

"그런 애 찾기 힘들다. 평생."

"그렇겠죠?"

"아무튼 잘 해봐."

"아. 뭐예요?"

"뭐가?"

"지금 고백하지 말라는 거죠?"

"무슨 소리야. 난 너의 의견을 존중한다고 했어, 분명히. 단, 내 의견을 말한 것뿐이야."

"아, 전도사님 때문에 더 어려워졌어."

"야, 감사한 줄 알아. 난 얘기할 사람도 없어서, 하나님하고만 얘기했으니까."

성진은 자리에서 일어났다. 천희는 따라서 일어섰다. 성진과 천희는 그렇게 한참을 걸으며 티격태격 대화를 나눴다.

"전도사님, 감사합니다."

"갑자기 왜 이래? 아까는 나 때문에 더 어려워졌다면서."

"제 마음 알죠?"

"알지. 너가 더 오글거릴까 봐 더 빨리 알아채야겠다."

성진은 그렇게 천희와 인사를 나누고, 자신의 삶으로 향하는 천희의 뒷모습을 지긋이 바라보았다.

우리가 사랑이라 여기는 것이 정말 사랑일까. 언제부턴가 사랑은 한 사람의 살아온 인생 여정을 얼마나 이해하고 어떻게 함께 만들어 갈 것인가로 그려지기보다, 얼마나 좋은 조건을 가지고 있는가로 시작해 얼마나 많은 것을 누릴 수 있는가로 계산되는 듯하다. 그런 까닭에 남자는 통장을, 여자는 거울을 보는 데 집중하고, 정작 순결과 절제는 능력과 외모보다 훨씬 뒷전으로 밀려나 있다.

한편, 우리는 나이가 들수록 젊은 시절이 좋았다며 그때를 종종 그리워한다. 정말 그럴까? 젊음은 그 아름다움만큼이나 불안하다. 미래에 대한 걱정으로 멈춰 서기도, 해야 할 일들에 치여 넘어지기도, 때론 욕망에 휩쓸리고, 허상에 취해 허송세월을 보내기도 한다. 젊음의 에너지만큼이나 무거운 짐들을 감당해야 했던 그 시절이 정말 더 좋았을까? 아니면 세월의 상실감에서 나온 푸념 같은 그리움일까?

나의 20대 초반의 사랑은 '추억'이라는 이름 속에 아름답게 그려졌지만, '방황의 길'이란 이름이 더 어울린다. 가지 말아야 할 길임을 알면서도 끝까지 가본 뒤, 막다른 길에 다다라서야 돌아선 발걸음은 '온전함'을 향한 것이었음을 알게 되었다.

　온전함으로부터 오는 열매는 삶을 풍성하고 건강하게 한다. 그것은 모든 것을 가능하게 해줄 듯 보이는 돈으로는 절대 살 수 없는 열매다. '얼마나 가졌는가', '얼마나 즐길 수 있는가'가 자랑인 이 시대에, 하루하루 의미 있게 살고자 하는 것이 무의미하게 여겨질지도 모른다. 하지만 노력과 절제 속에 맺힌 그 열매가 얼마나 달콤한지 알면, 온전함을 이루기 위한 인내가 충분히 가치 있음을 인정하게 된다. 사랑에 온전함을, 우정에 온전함을 더하기 위해 설령 바보 취급을 당한다 할지라도 말이다.

　하나님께서는 미숙함에 답답함을 표하는 세상과 달리, 우리의 더딘 성장에도 넉넉히 기다리시고, 실수와 잘못에도 크나큰 자비와 용서를 베푸신다. 집안 재산의 절반을 가지고 나가 탕진하고 돌아온 아들을 보며, 뼈 빠지도록 번 돈을 잃은 아까움에 한탄과 질책을 퍼붓기보다, 오히려 그 아들을 반기며 기뻐하는 분이 하나님이시다. 우리는 바로 그분의 자녀이기에, 힘겨운 상황을 딛고 일어나 다시 걸어갈 수 있다. 참된 사랑이 기다리는 그곳으로.

2016년 9월

원 스텝 포워드
One Step Forward

2016. 9. 21. 초판 1쇄 인쇄
2016. 9. 27. 초판 1쇄 발행

지은이 박정호
펴낸이 정애주
국효숙 김기민 김의연 김준표·김진원 박세정
송승호 오민택 오형탁 윤진숙 이한별 임승철
임진아 정성혜 조주영 차길환 한미영 허은
펴낸곳 주식회사 홍성사
등록번호 제1-499호 1977. 8. 1.
주소 (04084) 서울시 마포구 양화진4길 3
전화 02) 333-5161
팩스 02) 333-5165
홈페이지 www.hsbooks.com
이메일 hsbooks@hsbooks.com
페이스북 facebook.com/hongsungsa
양화진책방 02) 333-5163

ⓒ 박정호, 2016

· 이 도서의 국립중앙도서관 출판예정도서목록(CIP)은
  서지정보유통지원시스템 홈페이지(http://seoji.nl.go.kr)와
  국가자료공동목록시스템(http://www.nl.go.kr/kolisnet)에서
  이용하실 수 있습니다.(CIP제어번호: CIP2016022605)

ISBN 978-89-365-1181-4 (03230)